JLPT 급소공략

급소만을 집중 공략한
JLPT(일본어능력시험) 완벽 대비서

N3 문법

다락원

머리말

JLPT(일본어 능력시험)는 일본 정부가 공인하는 가장 공신력 있는 일본어시험으로, 1990년부터 2018년까지의 일본어 능력시험 분석을 토대로 이번에 급소공략 N3 문법을 개정하여 출간하게 되었습니다. 「なせばなる(하면 된다)」라는 말처럼 노력하면 성과가 있는 법입니다. 하지만 실제로는 무엇을 어떻게 해야 하는가가 더 중요하다고 할 수 있습니다. 이 책은 의욕 있는 수험자라면 누구나 끝까지 최선을 다할 수 있도록 이끌어 내는 데 중점을 두었습니다.

본서의 특징은

첫째, N3 문법 학습에 필요한 요소를 망라하였다는 데 있습니다. N3는 일본어의 다양한 기초 문법들은 물론, 이를 바탕으로 N2로 도약하는 데 필요한 요소를 체계적으로 정리하였습니다. 초반부(1과~10과)에서는 기본적인 실력을 다지는 내용으로, 후반부(11과~18과)에서는 보다 심화된 내용으로 구성하여 책의 앞부분부터 순차적으로 학습하면 무리없이 소화할 수 있도록 하였습니다.

둘째, 적정 난이도의 풍부한 문제를 제공하고 있습니다. 본서에는 연습문제 54회(총 540문제), 총정리 문제 3회(총 69문제)와 2회의 모의테스트가 실려 있습니다. 이렇게 많은 문제를 통해 수험생들은 자연스럽게 문제에 친근해질 수 있습니다.

셋째, N3 레벨에 맞는 어휘를 엄선, 이를 토대로 한 예문과 문제가 실려 있습니다. 문법은 단순히 문법 파트의 문제 뿐만 아니라 독해나 청해에서도 이해의 근간이 되는 부분이므로, 제시된 문법 예문과 문제들을 익혀간다면, 독해와 청해 문제 해결에도 커다란 힘이 되리라 확신합니다

넷째, 부록으로 최종 모의테스트는 물론 N3 필수 문법을 주제별로 정리하여, 더욱 견고하게 실력을 다질 수 있도록 구성하였습니다.

본서는 저자의 오랜 현장 강의 경험을 토대로 만들어졌기에, 이 책만으로도 JLPT(일본어능력시험)대비는 물론, 일본어실력 향상에도 크게 도움이 되리라 확신합니다. 이 교재를 사용하여 효율적이고 체계적으로 문법을 익혀, JLPT N3에 꼭 합격하기를 기원하는 바입니다.

끝으로 이 책이 출판되기까지 많은 격려와 도움을 주신 다락원 정규도 사장님과 일본어 출판부 관계자 분들께 이 자리를 빌어 깊은 감사를 드립니다.

저자 김성곤

CONTENTS

JLPT(일본어 능력시험) N3 문제 유형 분석

JLPT(일본어 능력시험) N3 문법 문제는 「문(文)의 문법1(문법형식의 판단)」, 「문(文)의 문법2(문맥의 배열)」, 「문장의 문법(문장의 흐름)」의 3가지 패턴으로 출제된다.

問題1 문의 문법1(문법형식)

(　　) 안에 알맞은 표현을 넣어 문장을 완성하는 문제로, 「문(文)의 문법1(문법형식)」에 해당된다. 문제 수는 13문제이며 변경될 경우도 있다.

2 今のわたしの安い給料(きゅうりょう)では、何年働(はたら)いても自分の家は(　　)そうもない。(2011.7)

1 買い　　2 買え　　3 買う　　4 買える

問題2 문의 문법2(문맥배열)

「문(文)의 문법2(문맥배열)」에 해당되며, 문을 바르게 그리고 뜻이 통하도록 배열할 수 있는지를 묻는다. 밑줄 친 공란이 4개 만들어져 있고, 그 중 한 개의 공란에 ★ 표시가 되어 있다. 문제 수는 5문제이며 변경될 경우도 있다.

15 あの美術館(びじゅつかん)は曜日 ＿＿＿ ＿＿＿ ★ ＿＿＿ 窓口(まどぐち)で確認(かくにん)したほうがいいよ。(2011.7)

1 閉まる時間　　2 違(ちが)うから　　3 によって　　4 が

問題3 문장의 문법(문장흐름)

비교적 긴 지문 안에 공란이 만들어져 있고, 그 공란에 들어갈 가장 좋은 것을 고르는 문제 형식이다. 문장의 흐름에 맞는 문(文)인지 어떤지를 판단할 수 있는가를 묻고 있다. 공란에는 반드시 N3 기능어가 사용되지는 않으며, 문장의 흐름에 맞는 문법 요소나 어휘, 접속사·부사 등이 많이 나온다. 5문제가 출제되며 변경될 경우도 있다.

……

しかし、今でもわからないことが一つあります。東京(とうきょう)では電車が次々(つぎつぎ)来るから、電車の時間を気にして急ぐ必要(ひつよう)はないはずです。ところが、駅の中や階段(かいだん)、ホームを、とても急いで歩いている人が多いです。わたしは、これが 22 わかりません。日本に長(なが)く住んでいたら、わたしも同じように 23 。留学(りゅうがく)生活が終わるころには、答えがわかるのかもしれません。(2011.7)

……

22

1 答えなのか　　2 なぜなのか　　3 理由(りゆう)なのか　　4 だれなのか

23

1 なるのでしょうか　　2 なったでしょう

3 なってしまうのです　　4 なってしまいました

교재의 구성과 특징

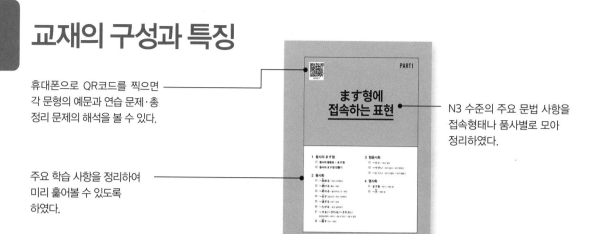

휴대폰으로 QR코드를 찍으면 각 문형의 예문과 연습 문제·총정리 문제의 해석을 볼 수 있다.

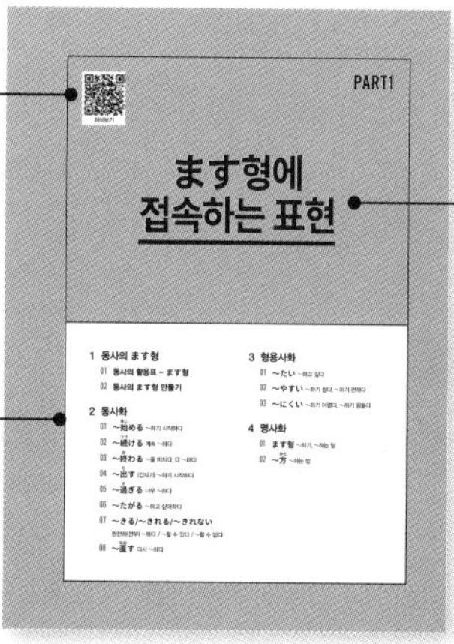
PART1

ます形에
접속하는 표현

N3 수준의 주요 문법 사항을 접속형태나 품사별로 모아 정리하였다.

주요 학습 사항을 정리하여 미리 훑어볼 수 있도록 하였다.

필수 문법

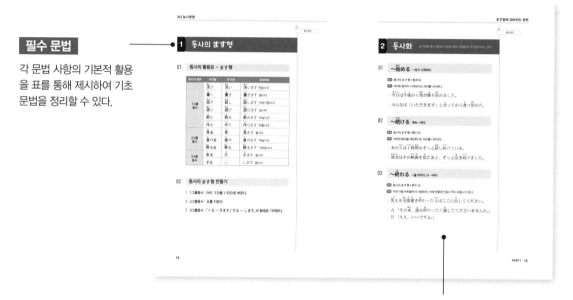

각 문법 사항의 기본적 활용을 표를 통해 제시하여 기초 문법을 정리할 수 있다.

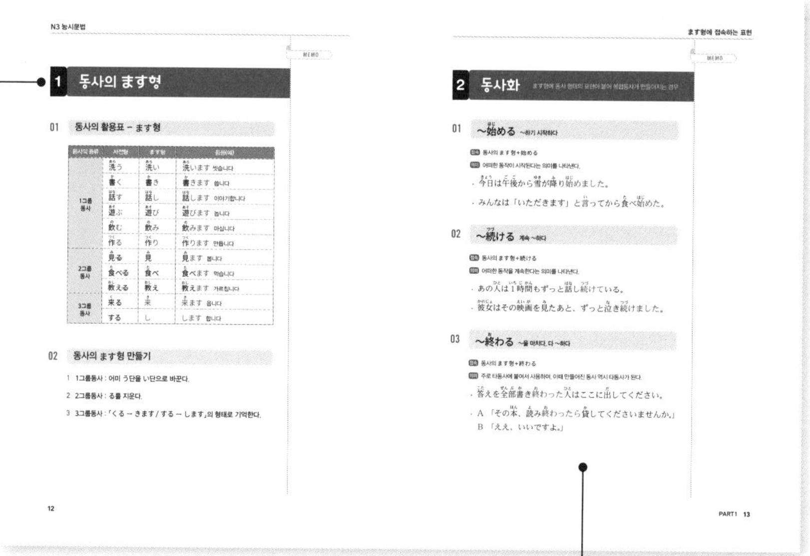
1 동사의 ます형

01 동사의 활용표 – ます형

02 동사의 ます형 만들기

2 동사화

01 ～始める

02 ～続ける

03 ～終わる

관련된 문법의 접속과 의미를 제시하고 예문을 함께 실어 학습할 수 있도록 하였다.

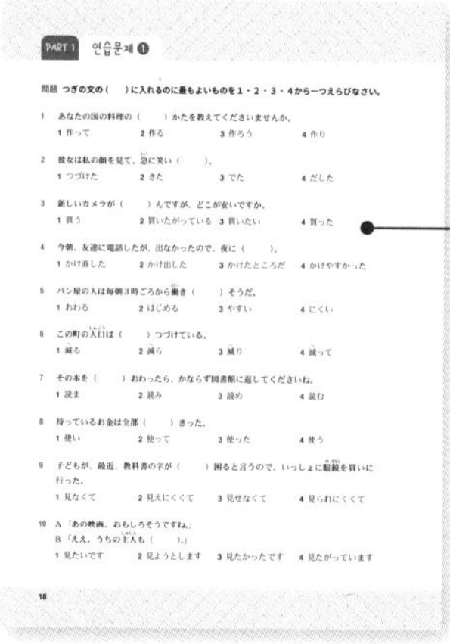
PART 1 연습문제 ❶

연습 문제

학습한 문법 사항을 실제 시험 유형의 문제를 통해 체크해 볼 수 있도록 하였다. PART 당 30문제씩 풀어볼 수 있다.

총정리 문제

앞서 학습한 내용을 실제 시험 유형으로 구성하였다. 문법형식 문제 13문제, 문맥배열 문제 5문제, 문장흐름 문제 5문제로 구성되어 있으며, 총정리문제는 총 3회에 걸쳐 풀어볼 수 있다.

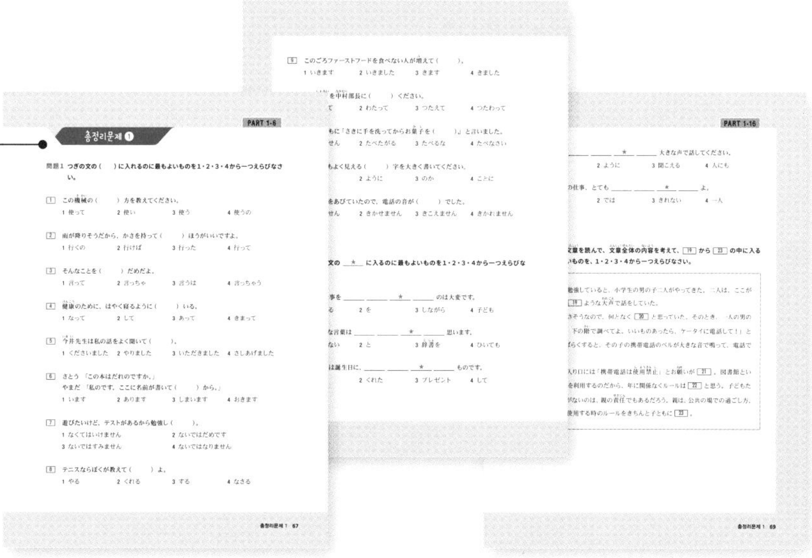

모의테스트

부록에는 마지막 마무리로 풀어볼 모의테스트 2회분이 실려 있다. 15분 정도로 시간을 맞춰 놓고 풀어보자.
한 회당 23문제이다.

N3 필수 문법

교재에 실린 필수문법을 예문을 통해 살펴볼 수 있도록 정리하였다.

접속형태에 대하여

문법표현들은, 문법표현이 포함된 문장을 이해하고 암기하는 것이 필요하다. 다만, 문법표현에 따라서 접속방법이 다르기 때문에 접속방법 또한 정확하게 이해해 두어야 한다. 본서에 제시된 문법표현들에 사용된 접속 관련 표현들은 다음과 같이 정리할 수 있다.

동사

사전형	書く, 見る	た형	書いた, 見た
ます형	書き(ます), 見(ます)	의지형	書こう, 見よう
て형	書いて, 見て	ば형	書けば, 見れば
ない형	書か(ない), 見(ない)	보통형, 명사 수식형	書く, 書いた, 書かない, 書かなかった, 見る, 見た, 見ない, 見なかった
가능형	書ける, 見られる		

い형용사

사전형	高い, さむい	ば형	高ければ, さむければ
て형	高くて, さむくて	보통형, 명사 수식형	高い, 高かった, 高くない, 高くなかった, さむい, さむかった, さむくない, さむくなかった
ない형	高くない, さむくない		
た형	高かった, さむかった		

な형용사

사전형	好きだ, ひまだ	ば형	好きなら(ば), ひまなら(ば)
て형	好きで, ひまで	보통형, 명사 수식형	好きだ(명사수식형은 好きな), 好きだった, 好きではない, 好きではなかった, ひまだ(명사수식형은 ひまな), ひまだった, ひまではない, ひまではなかった
ない형	好きではない, ひまではない		
た형	好きだった, ひまだった		

명사

보통형, 명사 수식형	学生だ(명사수식형은 学生の), 学生だった, 学生ではない, 学生ではなかった 休みだ(명사수식형은 休みの), 休みだった, 休みではない, 休みではなかった

해석보기

PART1

ます형에 접속하는 표현

MEMO

1 동사의 ます형

01 동사의 활용표 – ます형

동사의 종류	사전형	ます형	응용(예)
1그룹 동사	洗(あら)う	洗(あら)い	洗(あら)います 씻습니다
	書(か)く	書(か)き	書(か)きます 씁니다
	話(はな)す	話(はな)し	話(はな)します 이야기합니다
	遊(あそ)ぶ	遊(あそ)び	遊(あそ)びます 놉니다
	飲(の)む	飲(の)み	飲(の)みます 마십니다
	作(つく)る	作(つく)り	作(つく)ります 만듭니다
2그룹 동사	見(み)~~る~~	見(み)	見(み)ます 봅니다
	食(た)べ~~る~~	食(た)べ	食(た)べます 먹습니다
	教(おし)え~~る~~	教(おし)え	教(おし)えます 가르칩니다
3그룹 동사	来(く)る	来(き)	来(き)ます 옵니다
	する	し	します 합니다

02 동사의 ます형 만들기

1 1그룹동사 : 어미 う단을 い단으로 바꾼다.

2 2그룹동사 : る를 지운다.

3 3그룹동사 : 「くる → きます / する → します」의 형태로 기억한다.

MEMO

2 동사화

ます형에 동사 형태의 표현이 붙어
복합동사가 만들어지는 경우

01 ～始める ～하기 시작하다

접속 동사의 ます형+始める

의미 어떠한 동작이 시작된다는 의미를 나타낸다.

- 今日は午後から雪が降り始めました。
- みんなは「いただきます」と言ってから食べ始めた。

02 ～続ける 계속 ～하다

접속 동사의 ます형+続ける

의미 어떠한 동작을 계속한다는 의미를 나타낸다.

- あの人は1時間もずっと話し続けている。
- 彼女はその映画を見たあと、ずっと泣き続けました。

03 ～終わる ～을 마치다, 다 ～하다

접속 동사의 ます형+終わる

의미 주로 타동사에 붙여서 사용하며, 이때 만들어진 동사 역시 타동사가 된다.

- 答えを全部書き終わった人はここに出してください。
- A 「その本、読み終わったら貸してくださいませんか。」
  B 「ええ、いいですよ。」

MEMO

04 ～出(だ)す (갑자기) ~하기 시작하다

접속 동사의 ます형+出す

의미 동작의 시작이나 어떠한 상황이 발생한다는 의미로 사용된다. 「出(だ)す」는 「始(はじ)める」로 바꾸어 쓸 수 있지만, 「出す」 쪽이 '갑자기'라는 의미가 더 강하다.

- 犬(いぬ)は主人(しゅじん)を見(み)ると、急(きゅう)に走(はし)り出(だ)した。
- 子(こ)どもはアイスクリームが食(た)べたいとさわぎ出(だ)した。

05 ～過(す)ぎる 너무 ~하다

접속 동사의 ます형+過ぎる

의미 필요 이상으로 어떤 동작을 한다는 의미를 나타낸다.

- ごちそうを食(た)べ過(す)ぎてお腹(なか)が痛(いた)くなりました。
- 書類(しょるい)の字(じ)がうす過(す)ぎて、読(よ)めません。

참고

い형용사와 な형용사의 경우에는 어간에 붙는다.

예) お茶(ちゃ)が熱過(あつす)ぎて、飲(の)めません。 차가 너무 뜨거워서 마실 수 없습니다.

06 ～たがる ~하고 싶어하다

접속 동사의 ます형+たがる

의미 제3자가 그런 행위를 하기를 원한다는 것을 나타낸다.

- 妹(いもうと) はアメリカの大学(だいがく)に行(い)きたがっています。
- だれもこの仕事(しごと)をやりたがらないでしょう。

참고

제3자가 물건을 갖고 싶어할 때는 「ほしがる(갖고 싶어하다)」를 쓴다.

예) 中村(なかむら)さんは新(あたら)しいカメラをほしがっています。
나카무라 씨는 새로운 카메라를 갖고 싶어하고 있습니다.

MEMO

07 ～きる / ～きれる / ～きれない

완전히(전부) ～하다 / ～할 수 있다 / ～할 수 없다

접속 동사의 ます형+きる/きれる/きれない

의미 「～きる」는 어떠한 동작을 완전히 끝마친다는 의미로 주로 사용한다. 가능형태로 활용하여 쓰이기도 한다.

使(つか)い切(き)る 전부 다 사용하다

読(よ)み切(き)る 전부 읽다

食(た)べ切(き)る 다 먹다

- 彼(かれ)はマラソンコースを走(はし)り切(き)った。
- そんなにたくさん食(た)べ切(き)れますか。
- 夜空(よぞら)に数(かぞ)え切(き)れないほどの星(ほし)が輝(かがや)いていた。

08 ～直(なお)す 다시 ～하다

접속 동사의 ます형+直す

의미 바람직한 결과를 얻기 위해 일단 끝낸 동작을 한 번 더 반복한다는 의미를 나타낸다.

- もう一度(いちど)考(かんが)え直(なお)したらどうですか。
- 必(かなら)ず私(わたし)に電話(でんわ)をかけ直(なお)してください。

MEMO

3 형용사화

ます형에 い형용사 형태의 표현이 붙어 복합형용사가 만들어지는 경우

01 ～たい ～하고 싶다

접속 동사의 ます형+たい

의미 말하는 사람 자신의 희망을 나타낸다. 「～たい」 앞의 목적격 조사는 「が」 또는 「を」 둘다 가능하다.

- 私(わたし)は熱(あつ)いコーヒーが飲(の)みたいです。
- 郊外(こうがい)の静(しず)かなアパートに住(す)みたい。

참고

말하는 사람이 물건을 갖고 싶을 때는 「ほしい(갖고 싶다)」를 쓴다.

예 私(わたし)は新(あたら)しいカメラがほしいです。 나는 새로운 카메라를 갖고 싶습니다.

02 ～やすい ～하기 쉽다, ～하기 편하다

접속 동사의 ます형+やすい

의미 '그렇게 하는 것이 쉽다, 간단하다'라는 의미를 나타내는 경우와 '그렇게 되기 쉽다, 그런 경향이 강하다'라는 의미로 사용되는 경우가 있다.

- この本(ほん)は字(じ)が大(おお)きくて読(よ)みやすい。 편리
- 白(しろ)いシャツは汚(よご)れやすいです。 경향

03 ～にくい ～하기 어렵다, ～하기 힘들다

접속 동사의 ます형+にくい

의미 그렇게 하는 것이 곤란하다는 부정적인 의미를 나타낸다.

- このペンはとても書(か)きにくいです。
- 彼(かれ)の説明(せつめい)は分(わ)かりにくいです。

MEMO

4 명사화

ます형 자체, 또는 명사 형태의 표현(명사, 접미어 등)이 붙어 새로운 명사가 만들어지는 경우

01 ます형 ~하기, ~하는 일

접속 동사의 ます형

의미 ます형 자체가 동작의 의미를 지닌 '동작성 명사'가 되기도 한다.

泳(およ)ぐ → 泳(およ)ぎ 수영
走(はし)る → 走(はし)り 달리기
乗(の)り換(か)える → 乗(の)り換(か)え 갈아타기, 환승

- 山田君(やまだくん)は走(はし)りがとても速(はや)いです。
- 次(つぎ)の駅(えき)で新幹線(しんかんせん)への乗(の)り換(か)えができます。

02 ～方(かた) ~하는 법

접속 동사의 ます형+方

의미 '그러한 동작을 하는 방법'이라는 의미를 나타낸다.

考(かんが)え方(かた) 사고방식, 생각
使(つか)い方(かた) 사용법
作(つく)り方(かた) 만드는 법

- お箸(はし)の使(つか)い方(かた)を教(おし)えてください。
- 私(わたし)の考(かんが)え方(かた)はあなたの考(かんが)え方(かた)と少(すこ)し違(ちが)います。

PART 1 연습문제 ❶

問題 つぎの文の（　　）に入れるのに最もよいものを１・２・３・４から一つえらびなさい。

1　あなたの国の料理の（　　　）かたを教えてくださいませんか。

1 作って　　2 作る　　3 作ろう　　4 作り

2　彼女は私の顔を見て、急(きゅう)に笑い（　　　）。

1 つづけた　　2 きた　　3 でた　　4 だした

3　新しいカメラが（　　　）んですが、どこが安いですか。

1 買う　　2 買いたがっている　　3 買いたい　　4 買った

4　今朝、友達に電話したが、出なかったので、夜に（　　　）。

1 かけ直した　　2 かけ出した　　3 かけたところだ　　4 かけやすかった

5　パン屋の人は毎朝３時ごろから働(はたら)き（　　　）そうだ。

1 おわる　　2 はじめる　　3 やすい　　4 にくい

6　この町の人口(じんこう)は（　　　）つづけている。

1 減る　　2 減ら　　3 減り　　4 減って

7　その本を（　　　）おわったら、かならず図書館に返してくださいね。

1 読ま　　2 読み　　3 読め　　4 読む

8　持っているお金は全部（　　　）きった。

1 使い　　2 使って　　3 使った　　4 使う

9　子どもが、最近、教科書の字が（　　　）困ると言うので、いっしょに眼鏡(めがね)を買いに行った。

1 見なくて　　2 見えにくくて　　3 見せなくて　　4 見られにくくて

10　A「あの映画、おもしろそうですね。」
B「ええ。うちの主人(しゅじん)も（　　　）。」

1 見たいです　　2 見ようとします　　3 見たかったです　　4 見たがっています

PART 1 연습문제 ❷

問題　つぎの文の（　　）に入れるのに最もよいものを１・２・３・４から一つえらびなさい。

1　暖かい飲み物を飲んで、のどを温めると、声を（　　　）と言う。

1 出してみた　　2 出すことになった　　3 出しやすくなる　　4 出しつづけてみる

2　すみません、きっぷの（　　　）方を教えてください。

1 買う　　2 買い　　3 買った　　4 買って

3　日本では６歳から小学校に（　　　）はじめる。

1 通(かよ)って　　2 通(かよ)う　　3 通(かよ)い　　4 通(かよ)わ

4　それについてあなたの意見(いけん)を（　　　）たいです。

1 聞き　　2 聞いて　　3 聞く　　4 聞こう

5　料理に入れる塩(しお)の量を間違えて、味が（　　　）しまった。

1 濃(こ)くしすぎて　　2 濃(こ)くなりすぎて

3 濃(こ)くしやすくなって　　4 濃(こ)くなりやすくなって

6　娘(むすめ)が先週からバイオリンを（　　　）が、音楽教室が家から遠いので大変だ。

1 習いはじめた　　2 習いつづけた　　3 習わせたかった　　4 習っておいた

7　この花は、水が多いと根(ね)が腐(くさ)ってしまうので、水を（　　　）。

1 やらないでおくのがいい　　2 やりすぎるのもよくない

3 やらないのもよくない　　4 やるのもいいだろう

8　こんなにたくさんの漢字は、覚え（　　　）。

1 きれません　　2 だしません　　3 すぎません　　4 はじまりません

9　赤(あか)ちゃんは、何でも口に（　　　）たがるので、危ないものは近くに置かないように注意する必要がある。

1 はいり　　2 はいって　　3 いれ　　4 いれて

10　家を出ようとしたとき、雨が降り（　　　）。

1 つづいた　　2 はじまった　　3 だした　　4 おわった

연습문제 ③

問題　つぎの文の ＿★＿ に入るのに最もよいものを１・２・３・４から一つえらびなさい。

1　デザートに ＿＿＿ ＿＿＿ ＿★＿ ＿＿＿ ですか。

1 くだもの　　2 食べたい　　3 を　　4 どんな

2　テストで ＿＿＿ ＿＿＿ ＿★＿ ＿＿＿ みましょう。

1 ミス　　2 問題を　　3 した　　4 やり直して

3　４年前に買った古い ＿＿＿ ＿＿＿ ＿★＿ ＿＿＿ 続けています。

1 使い　　2 を　　3 ケータイ　　4 ずっと

4　日本は ＿＿＿ ＿＿＿ ＿★＿ ＿＿＿ 思いますか。

1 やすい　　2 国だ　　3 住み　　4 と

5　生徒(せいと)たちはテスト ＿＿＿ ＿＿＿ ＿★＿ ＿＿＿ たがっている。

1 知り　　2 結果(けっか)　　3 の　　4 を

6　テレビを見て、笑い ＿＿＿ ＿＿＿ ＿★＿ ＿＿＿ なりました。

1 が　　2 痛く　　3 すぎて　　4 お腹

7　大学で村田(むらた)先生 ＿＿＿ ＿＿＿ ＿★＿ ＿＿＿ 作家(さっか)になった。

1 教え　　2 を　　3 受けて　　4 に

8　夜は暗くて ＿＿＿ ＿＿＿ ＿★＿ ＿＿＿ ので、注意して運転してください。

1 人が　　2 見えにくい　　3 歩いて　　4 いる

9　ちょうど ＿＿＿ ＿＿＿ ＿★＿ ＿＿＿ ときに、友だちが来て勉強できなかった。

1 勉強を　　2 やり　　3 試験の　　4 はじめた

10　A「このコピー機(き) ＿＿＿ ＿＿＿ ＿★＿ ＿＿＿ ください。」

B「ここを押(お)してから、こうすればいいんですよ。」

1 教えて　　2 使い方　　3 を　　4 の

해석보기

PART2

て형과 た형에 접속하는 표현

MEMO

1 동사의 て형과 た형

01 동사의 활용표 – て형과 た형

동사의 종류	사전형	て형	た형
1그룹 동사	洗(あら)う	洗(あら)って 씻고, 씻어서	洗(あら)った 씻었다
	書(か)く	書(か)いて 쓰고, 써서	書(か)いた 썼다
	話(はな)~~す~~	話(はな)して 이야기하고, 이야기해서	話(はな)した 이야기했나
	遊(あそ)ぶ	遊(あそ)んで 놀고, 놀아서	遊(あそ)んだ 놀았다
	飲(の)む	飲(の)んで 마시고, 마셔서	飲(の)んだ 마셨다
	作(つく)る	作(つく)って 만들고, 만들어서	作(つく)った 만들었다
2그룹 동사	見(み)~~る~~	見(み)て 보고, 봐서	見(み)た 보았다
	食(た)べ~~る~~	食(た)べて 먹고, 먹어서	食(た)べた 먹었다
	教(おし)え~~る~~	教(おし)えて 가르치고, 가르쳐서	教(おし)えた 가르쳤다
3그룹 동사	来(く)る	来(き)て 오고, 와서	来(き)た 왔다
	する	して 하고, 해서	した 했다

MEMO

02 동사의 て형 만들기

1 **1그룹동사 : て형은 다음의 다섯 가지 형태로 변화한다.**

- 「く(ぐ)」로 끝나는 동사는 ~いて(いで)로 변한다.
- 「う・つ・る」로 끝나는 동사는 ~って로 변한다.
- 「ぬ・ぶ・む」로 끝나는 동사는 ~んで로 변한다.
- 「す」로 끝나는 동사는 ~して로 변한다.

＊「行(い)く」는 예외적으로 行(い)って로 변한다.

2 **2그룹동사 : る를 떼고 て를 붙인다.**

3 **3그룹동사 : 「くる → きて / する → して」의 형태로 기억한다.**

03 동사의 た형 만들기

주로 과거를 나타내는 た형은 て형의 て 자리에 た를 붙이면 된다. で의 경우에는 だ를 붙인다.

2 て형에 접속하는 표현

01 ~ている ~하고 있다

접속 동사의 て형+いる

의미 て형의 대표적인 응용표현으로, 크게 '동작의 진행'과 '상태'를 나타낸다.

- 父(ちち)はさっきから新聞(しんぶん)を読(よ)んでいます。 [동작의 진행]
- 床(ゆか)に財布(さいふ)が落(お)ちています。 [상태]

MEMO

02 ～てある ~되어 있다

접속 동사의 て형+ある

의미 주로 타동사에 붙어서 '인위적 동작에 의한 상태'를 나타낸다. 누군가에 의해서 지금의 상태가 만들어졌다는 것을 강조하려는 의도에서 사용하는 표현이다.

- 本(ほん)に名前(なまえ)が書(か)いてあります。
- テーブルの上(うえ)に手紙(てがみ)がおいてあります。

03 ～てみる ~해 보다

접속 동사의 て형+みる

의미 의지를 나타내는 동사 뒤에 붙어서 어떤 동작을 시험삼아 해 본다는 의미를 나타낸다. '시도'라는 키워드로 기억하도록 하자.

- おいしいかどうか食(た)べてみてください。
- 昨日(きのう)新(あたら)しい店(みせ)に行(い)ってみました。

04 ～ておく ~해 두다, ~해 놓다

접속 동사의 て형+おく

의미 동작의 결과를 분명하게 남겨 두거나, 나중에 일어나는 일을 미리 예상하여 준비한다는 의미를 나타낸다.

- 友(とも)だちが来(く)る前(まえ)に部屋(へや)を掃除(そうじ)しておきました。
- 旅行(りょこう)に行(い)く前(まえ)に、ホテルの予約(よやく)をしておきます。

05 ～てしまう ~해 버리다

접속 동사의 て형+しまう

의미 어떠한 동작이나 상태가 완전히 끝났다는 것을 강조할 때 사용하는 표현이다.

- 買(か)ってきた本(ほん)を一晩(ひとばん)でぜんぶ読(よ)んでしまいました。
- 友(とも)だちに会(あ)う約束(やくそく)を忘(わす)れてしまいました。

MEMO

06 ～てくる ～해 오다, ～해지다

접속 동사의 て형+くる

의미 점점 그렇게 되거나 어떤 상태로 점점 변화하기 시작한다는 의미를 나타낸다. 시간적인 의미로는 과거에서 현재로 이어지는 상황을 나타낼 때 많이 사용한다.

- 雨がだんだん強くなってきました。
- だいぶ日本での生活に慣れてきました。

07 ～ていく ～해 가다

접속 동사의 て형+いく

의미 동작이나 상태가 계속 진행되거나, 그러한 경향이 점점 더 강해져 간다는 의미를 나타낸다. 시간적으로 현재에서 미래를 향해 나아간다는 의미를 나타낼 때 자주 사용한다.

- これからもこの国の人口は増えていくでしょう。
- 学校を卒業しても、美術の勉強を続けていきます。

08 ～てもらいたい ～해 주었으면 좋겠다

접속 동사의 て형+もらいたい

의미 상대방에게 자신의 희망이나 부탁을 나타내는 표현이다.

- 私の本を早く返してもらいたい。
- なぜ遅れたのか説明してもらいたい。

09 ～てほしい ～해 주었으면 좋겠다

접속 동사의 て형+ほしい

의미 상대방에게 자신의 희망이나 부탁을 나타내는 표현이다.

- 彼には試験に受かってほしい。
- この書類を今すぐ彼女に届けてほしい。

MEMO

참고

「~てもらいたい」와 같은 의미를 나타낸다.

예 早(はや)く帰(かえ)って来(き)てほしい。＝早(はや)く帰(かえ)って来(き)てもらいたい。

빨리 돌아와 주었으면 좋겠다.

10 ~てもいい ~해도 좋다

접속 동사의 て형＋も＋いい

의미 어떠한 행동을 해도 좋다는 '허가'의 의미를 나타내는 표현이다.

- 明日(あした)は学校(がっこう)を休(やす)んでもいいです。
- ここでは何(なに)を話(はな)してもいいです。

참고

「~てもいい」 대신에 「~てもかまわない」를 쓰기도 한다.

예 ここにあるものは自由(じゆう)に使(つか)ってもいいです。

＝ここにあるものは自由(じゆう)に使(つか)ってもかまいません。

여기에 있는 것은 자유롭게 사용해도 좋습니다.

11 ~てはいけない ~해서는 안 된다

접속 동사의 て형＋は＋いけない

의미 어떠한 행동을 해서는 안 된다는 '금지'의 의미를 나타내는 표현이다.

- この部屋(へや)に入(はい)ってはいけません。
- 入(い)り口(ぐち)の前(まえ)に自転車(じてんしゃ)を止(と)めてはいけません。

참고

「いけない」 대신에 「だめだ」를 쓸 수도 있다.

예 ここで写真(しゃしん)をとってはいけませんよ。

＝ここで写真(しゃしん)をとってはだめですよ。

여기서 사진을 찍어서는 안 돼요(찍으면 안 돼요).

MEMO

12 ～てはならない ～해서는 안 된다

접속 동사의 て형+は+ならない

의미 '금지'를 나타내는 표현이다. 「～てはいけない」, 「～てはだめだ」보다 다소 딱딱한 느낌을 준다.

- ろうかで走(はし)ってはならない。
- お酒(さけ)を飲(の)んだら車(くるま)を運転(うんてん)してはならない。

3 た형에 접속하는 표현

01 ～たまま ～한 채(로)

접속 동사의 た형+まま

의미 그 상태가 유지되고 있는 상황에서 다음 동작이 이루어질 때 사용한다.

- 弟(おとうと)はめがねをかけたまま寝(ね)ています。
- 窓(まど)をあけたまま出(で)かけてしまった。

02 ～たほうがいい ～하는 편이 좋다

접속 동사의 た형+ほうが+いい

의미 상대방에게 무언가를 조언하거나 권유할 때 사용하는 표현이다.

- 風邪(かぜ)なら家(いえ)でゆっくり休(やす)んだほうがいいですよ。
- 今(いま)は食事中(しょくじちゅう)だから、タバコは遠慮(えんりょ)したほうがいいですよ。

연습문제 ❹

問題　つぎの文の（　　）に入れるのに最もよいものを１・２・３・４から一つえらびなさい。

1　大好きな祖母(そぼ)には、いつまでも元気で長生(ながい)き（　　）。

1 していたい　2 したがる　3 してほしい　4 したがっている

2　今日はとても寒いので、かぜをひいて（　　）そうです。

1 しまい　2 いき　3 おき　4 み

3　このごろ暑くなって（　　）ね。

1 いきました　2 おきました　3 なりました　4 きました

4　試験中(しけんちゅう)はほかの人と（　　）いけません。

1 話すては　2 話しては　3 話さないでは　4 話さなければ

5　これからも海外(かいがい)旅行に出かける日本人は（　　）いくでしょう。

1 ふえる　2 ふえて　3 ふえた　4 ふえよう

6　どんなにほしくても、人の物(もの)を（　　）はならない。

1 盗(ぬす)み　2 盗(ぬす)む　3 盗(ぬす)んだ　4 盗(ぬす)んで

7　駅前に新しいレストランができた。友だちに（　　）と誘(さそ)われたので、今度一緒に行くことにした。

1 行ってみよう　2 行ったらいい　3 行っただろう　4 行ってみて

8　木村(きむら)さんはとなりの部屋で待って（　　）。

1 あります　2 います　3 おきます　4 きます

9　村山(むらやま)さんは今部屋にいません。ドアに鍵(かぎ)がかけて（　　）。

1 います　2 おきます　3 あります　4 します

10　A「雨がひどくなってきましたね。」
B「そうですね。早く（　　）ほうがいいかもしれませんね。」

1 かえった　2 かえり　3 かえって　4 かえろう

PART 2 연습문제 ⑤

問題 つぎの文の（　　）に入れるのに最もよいものを１・２・３・４から一つえらびなさい。

1　このシャツはもう古いですから、汚(よご)れても（　　　）。

1 かまいます　2 かまいました　3 かまいません　4 かまうでしょう

2　会議の場所(ばしょ)は昨日みんなに伝えて（　　　）。

1 おきました　2 あげました　3 みました　4 しまいました

3　私はたまに部屋の電気を（　　　）朝まで寝てしまうことがある。

1 ついたまま　2 つけたまま　3 ついている間　4 つけている間

4　その本、私も読みますから、読みおわったらそこに置いて（　　　）ください。

1 あって　2 いて　3 おいて　4 みて

5　明日までにこの手紙を英文(えいぶん)に（　　　）もらいたい。

1 なおって　2 なおして　3 なおり　4 なおし

6　卒業生(そつぎょうせい)たちはこれからいろいろなことを（　　　）いくでしょう。

1 経験(けいけん)する　2 経験(けいけん)し　3 経験(けいけん)した　4 経験(けいけん)して

7　その映画はとてもおもしろいので、一度（　　　）みてください。

1 見て　2 見た　3 見る　4 見よう

8　さっきあそこで新聞を（　　　）人はだれですか。

1 読んで　2 読んでいた　3 読む　4 読んでいる

9　A「ここでたばこを吸(す)っては（　　　）。」

B「はい、だめですよ。」

1 いいですか　2 かまいませんか　3 いけませんか　4 いきませんか

10　先月から一人暮(ぐ)らしを始めたが、料理が大変だ。食事の量を間違えて、いつも（　　　）。

1 作ってもいい　2 作り出している

3 作り終わったところだ　4 作りすぎてしまう

연습문제 ❻

問題 つぎの文の ＿★＿ に入るのに最もよいものを１・２・３・４から一つえらびなさい。

1　ちょっと ＿＿＿ ＿＿＿ ＿★＿ ＿＿＿ です。

1 とても　　2 みたら　　3 食べて　　4 おいしかった

2　部屋のドアは ＿＿＿ ＿＿＿ ＿★＿ ＿＿＿ おいてください。

1 まま　　2 に　　3 して　　4 開けた

3　両親(りょうしん)は、＿＿＿ ＿＿＿ ＿★＿ ＿＿＿ と思っている。

1 彼に　　2 行って　　3 大学へ　　4 もらいたい

4　最近、歩きながら、＿＿＿ ＿＿＿ ＿★＿ ＿＿＿ 多いですね。

1 電話で　　2 人が　　3 話して　　4 いる

5　車が ＿＿＿ ＿＿＿ ＿★＿ ＿＿＿ いけません。

1 ドアを　　2 まで　　3 開けては　　4 止まる

6　このパソコンは、今は高いですが ＿＿＿ ＿＿＿ ＿★＿ ＿＿＿ でしょう。

1 安く　　2 なって　　3 行く　　4 これからは

7　冷蔵庫(れいぞうこ)に ＿＿＿ ＿＿＿ ＿★＿ ＿＿＿、自由に飲んでください。

1 ジュースが　　2 あります　　3 いれて　　4 から

8　ジョギングを ＿＿＿ ＿＿＿ ＿★＿ ＿＿＿ きました。

1 始めたら　　2 丈夫(じょうぶ)に　　3 体が　　4 なって

9　もう遅いから、電話は ＿＿＿ ＿＿＿ ＿★＿ ＿＿＿ じゃないの。

1 した　　2 いい　　3 ほうが　　4 明日に

10　会議の前に、この ＿＿＿ ＿＿＿ ＿★＿ ＿＿＿ ください。

1 コピー　　2 書類(しょるい)を　　3 おいて　　4 して

해석보기

PART3

ない형에 접속하는 표현

MEMO

1 동사의 ない형

01 동사의 활용표 – ない형

동사의 종류	사전형	ない형	응용(예)
1그룹 동사	洗(あら)う	洗(あら)わ	洗(あら)わない 씻지 않는다
	書(か)く	書(か)か	書(か)かない 쓰지 않는다
	話(はな)す	話(はな)さ	話(はな)さない 이야기하지 않는다
	遊(あそ)ぶ	遊(あそ)ば	遊(あそ)ばない 놀지 않는다
	飲(の)む	飲(の)ま	飲(の)まない 마시지 않는다
	作(つく)る	作(つく)ら	作(つく)らない 만들지 않는다
2그룹 동사	見(み)~~る~~	見(み)	見(み)ない 보지 않는다
	食(た)べ~~る~~	食(た)べ	食(た)べない 먹지 않는다
	教(おし)え~~る~~	教(おし)え	教(おし)えない 가르치지 않는다
3그룹 동사	来(く)る	来(こ)	来(こ)ない 오지 않는다
	する	し	しない 하지 않는다

02 동사의 ない형 만들기

1 1그룹동사 : 어미 う단을 あ단으로 바꾼다.

2 2그룹동사 : る를 지운다.

3 3그룹동사 : 「くる → こない / する → しない」의 형태로 기억한다.

MEMO

2 ない형에 접속하는 표현

01 ～ないで ～하지 않고 〈상태〉

접속 동사의 ない형+ないで

의미 어떠한 일을 하지 않은 상태에서 다른 동작을 한다는 의미를 나타낸다.

- 宿題(しゅくだい)をしないで学校(がっこう)に行(い)った。
- 歯(は)を磨(みが)かないで寝(ね)てしまった。

02 ～なくて ～하지 않아서 〈원인 · 이유〉

접속 동사의 ない형+なくて

의미 「～ないで(～하지 않고)」는 상태를 나타내지만, 「～なくて(～하지 않아서)」는 원인이나 이유를 나타내는 경우에 쓰인다.

- 宿題(しゅくだい)をしなくて、先生(せんせい)におこられた。
- 質問(しつもん)の意味(いみ)がわからなくて、答(こた)えることができなかった。

03 ～ないでください ～하지 마세요 〈요구 · 의뢰〉

접속 동사의 ない형+ないで+ください

의미 어떠한 동작을 하지 않도록 부탁할 때 사용한다.

- 大(おお)きい声(こえ)で話(はな)さないでください。
- この花(はな)には水(みず)をあまりやらないでください。

MEMO

04 ～ずに ～하지 않고, ～하지 말고

접속 동사의 ない형+ずに(단, する는 しずに(×)가 아니라 せずに(○)가 된다.

- 切手(きって)をはらずに手紙(てがみ)を出(だ)してしまった。
- ろうかでは走(はし)らずにゆっくり歩(ある)きましょう。
- 勉強(べんきょう)せずに、テストを受(う)けた。

주의

'～하지 않고(상태)'의 의미로 쓰일 때는 「～ないで」와 「～ずに」 둘 다 사용할 수 있다.

예) ご飯(はん)を食(た)べないで、会社(かいしゃ)へ行(い)った。
　＝ご飯(はん)を食(た)べずに、会社(かいしゃ)へ行(い)った。
　밥을 먹지 않고 회사에 갔다.

05 ～ないほうがいい ～하지 않는 편이(것이) 좋다 〈조언〉

접속 동사의 ない형+ない+ほうが+いい

의미 어떠한 동작을 하지 않도록 조언할 때 사용한다.

- あまりコーヒーは飲(の)まないほうがいい。
- テレビはあまり長(なが)く見(み)ないほうがいいですよ。

06 ～なければならない ～하지 않으면 안 된다, ～해야 한다 〈의무〉

접속 동사의 ない형+なければ+ならない

의미 어떠한 일을 해야 한다는 필요성이나 의무를 나타낸다.

- 明日(あした)は朝早(あさはや)く起(お)きなければならない。
- 食事(しょくじ)の前(まえ)には手(て)を洗(あら)わなければなりません。

MEMO

07 ～なくてはいけない ～하지 않으면 안 된다, ～해야 한다 〈의무〉

접속 동사의 ない형+なくては+いけない

의미 어떤 일을 해야 한다는 필요성이나 의무를 나타낸다. 회화에서는 「～なくちゃいけない」의 형태로 사용되는 경우가 많다.

- 今日中(きょうじゅう)にレポートを書(か)かなくてはいけません。
- もう寝(ね)なくちゃいけない時間(じかん)だよ。

08 ～なくてはならない ～하지 않으면 안 된다, ～해야 한다 〈의무〉

접속 동사의 ない형+なくては+ならない

의미 어떤 일을 해야 한다는 필요성이나 의무를 나타낸다.

- 今週(こんしゅう)のうちにこの本(ほん)を返(かえ)さなくてはならない。
- 答(こた)えは黒(くろ)いボールペンで書(か)かなくてはなりません。

09 ～ないといけない ～하지 않으면 안 된다, ～해야 한다 〈의무〉

접속 동사의 ない형+ないと+いけない

의미 어떤 일을 해야 한다는 필요성이나 의무를 나타낸다. 「～なければならない」보다 조금 더 자연스러운 형태의 회화체 표현으로 이해하면 된다.

- もうすぐテストがあるから、勉強(べんきょう)しないといけない。
- 明日(あした)は早(はや)く出(で)かけるから、もう寝(ね)ないといけない。

MEMO

10 ～なくてもいい ～하지 않아도 된다 〈불필요〉

접속 동사의 ない형+なくても+いい

의미 그렇게 할 필요가 없다는 의미를 나타낸다.

- 明日(あした)は休(やす)みだから、会社(かいしゃ)へ行(い)かなくてもいいです。
- あなたは何(なに)も心配(しんぱい)しなくてもいいです。

11 ～なくてもかまわない ～하지 않아도 괜찮다 〈불필요〉

접속 동사의 ない형+なくても+かまわない

의미 그렇게 할 필요가 없다는 의미를 나타낸다. 「～なくてもいい」보다 조금 더 조심스러운 느낌을 준다.

- 分(わ)からなければ書(か)かなくてもかまいません。
- A 「窓(まど)を開(あ)けなくてもかまいませんか。」
  B 「ええ、いいですよ。」

12 ～ないではいられない ～하지 않고서는 있을 수 없다, ～하지 않을 수 없다

접속 동사의 ない형+ないでは+いられない

의미 '무언가를 참지 못하고 자연스럽게 어떤 행동을 해 버렸다'는 상황을 나타낸다. 이때, 중요한 것은 문장에 제시된 내용이 그 상황에서는 자연스러운 것으로 받아들여진다는 점이다.

- それを聞(き)いて笑(わら)わないではいられなかった。
- 甘(あま)いものが好(す)きで、お菓子(かし)を見(み)ると食(た)べないではいられない。

PART 3 연습문제 ⑦

問題 つぎの文の（　　）に入れるのに最もよいものを１・２・３・４から一つえらびなさい。

1　メールを（　　　）消してしまった。

1 読まない　　2 読まないで　　3 読まなくて　　4 読まないでは

2　自分のことは自分で（　　　）いけない。

1 するは　　2 しても　　3 しないは　　4 しなくては

3　夜遅く電話（　　　）ください。

1 するないで　　2 しなく　　3 しないで　　4 しなくて

4　いっしょに行きたくなければ、（　　　）かまいません。

1 行かない　　2 行かないにも　　3 行かなくても　　4 行きたくない

5　いやなことがあると、酒を（　　　）いられない。

1 飲むと　　2 飲まないでは　　3 飲んで　　4 飲むは

6　財布を持って（　　　）買い物ができなかった。

1 いなくて　　2 いないで　　3 いないか　　4 いないのに

7　テストがあるから、勉強（　　　）はならない。

1 しなくて　　2 しないで　　3 しない　　4 しなければ

8　宿題を（　　　）ずに寝てしまいました。

1 せ　　2 し　　3 しない　　4 して

9　A「ここにかばんを置いてもいいですか。」
B「（　　　）。」

1 はい、置いてはいけません　　2 はい、置いてもかまいません

3 いいえ、置いてください　　4 いいえ、置いてもいいです

10　患者「先生、この薬は痛みがないときも（　　　）。」
医者「はい、必ず飲んでください。」

1 飲まないようになりますか　　2 飲まないといけないんでしょうか

3 飲まなくてもいいんでしょうか　　4 飲まなければいいんでしょうか

問題 つぎの文の（　　）に入れるのに最もよいものを１・２・３・４から一つえらびなさい。

1　明日の朝、（　　　）７時に起こしてください。

1 忘れない　　2 忘れなく　　3 忘れないで　　4 忘れなくて

2　雪が降っているし、風も強いので、外に出ない（　　　）いいです。

1 ほうが　　2 よりも　　3 ほどが　　4 までに

3　あさっての会議には（　　　）いいですか。

1 出ない　　2 出なく　　3 出なくても　　4 出なくては

4　弟は今朝(けさ)かばんを持た（　　　）学校へ行きました。

1 ない　　2 なくて　　3 ないでは　　4 ずに

5　あまりたくさんお酒を（　　　）ほうがいいですよ。

1 飲まないで　　2 飲まなくて　　3 飲まずに　　4 飲まない

6　大学に入るためには試験をうけ（　　　）なりません。

1 なければ　　2 ては　　3 ないのは　　4 なくても

7　この本は今日中に（　　　）はいけません。

1 かえさずに　　2 かえさなくて　　3 かえさない　　4 かえさないで

8　本を読み始めたらおもしろくて、終わりまで（　　　）。

1 読んではいられなかった　　2 読むはずがなかった

3 読まないではいられなかった　　4 読んだりはしなかった

9　A「ボールペンで書いてもかまいませんか。」

B「いいえ、ボールペンを（　　　）ください。」

1 使って　　2 使わなくて　　3 使っても　　4 使わないで

10　A「明日ここにまた来なければなりませんか。」

B「いそがしかったら（　　　）。」

1 こなければいけません　　2 こなくてもかまいません

3 きてください　　4 きてはいけません

PART 3 연습문제 ❾

問題 つぎの文の ＿★＿ に入るのに最もよいものを１・２・３・４から一つえらびなさい。

1 名前と電話番号だけでいいです ＿＿ ＿＿ ＿★＿ ＿＿ かまいません。

1 から　2 書かなくても　3 住所　4 は

2 近い ＿＿ ＿＿ ＿＿ ＿★＿ 歩きましょう。

1 タクシー　2 から　3 乗らずに　4 に

3 部屋の ＿＿ ＿＿ ＿★＿ ＿＿ ください。

1 窓を　2 閉める　3 忘れないで　4 のを

4 ガラスのびんは、ほかの ＿＿ ＿＿ ＿★＿ ＿＿ ほうがいいですか。

1 ごみ　2 捨てない　3 いっしょに　4 と

5 この ＿＿ ＿＿ ＿★＿ ＿＿ ください。おなかが痛くなりますよ。

1 ので　2 カレーは　3 辛(から)い　4 食べすぎないで

6 お客さんが来る ＿＿ ＿＿ ＿★＿ ＿＿ ならない。

1 ので　2 掃除　3 しなければ　4 部屋を

7 車がたくさん通(とお)る道で遊んで ＿＿ ＿＿ ＿★＿ ＿＿ いられなかった。

1 見て　2 いる　3 子どもたちを　4 注意しないでは

8 ゴミは ＿＿ ＿＿ ＿★＿ ＿＿ 隅(すみ)にあるゴミ箱(ばこ)に捨ててください。

1 部屋の　2 下に　3 置かないで　4 いすの

9 この時計は ＿＿ ＿＿ ＿★＿ ＿＿ いけません。

1 直(なお)さなくては　2 いる　3 ので　4 こわれて

10 部長に頼まれていた、＿＿ ＿＿ ＿★＿ ＿＿ すっかり忘れていた。

1 今日中に　2 ことを
3 レポートの　4 作らなくてはいけない

해석보기

PART4

수수표현

1 물건의 수수표현

01 あげる 주다 (나→다른 사람)

02 くれる 주다 (다른 사람→나)

03 もらう 받다

2 동작의 수수표현

01 ～てあげる ~해 주다 (나→다른 사람)

02 ～てくれる ~해 주다 (다른 사람→나)

03 ～てもらう (~에게) ~해 받다, (~가) ~해주다

3 물건 수수의 경어표현

01 물건을 주고받는 표현의 존경과 겸손

02 やる 주다

03 さしあげる 드리다

04 くださる 주시다

05 いただく 받다

4 동작 수수의 경어표현

01 동작을 주고받는 표현의 존경과 겸손

02 ～てやる ~해 주다

03 ～てさしあげる ~해 드리다

04 ～てくださる ~해 주시다

05 ～ていただく (~에게) ~해 받다, (~가) ~해 주다

5 수수표현의 응용표현

01 ～てください ~해 주세요

02 ～ないでください ~하지 말아 주세요, ~하지 마세요

03 ～てくれますか ~해 주겠습니까?

04 ～てくださいますか ~해 주시겠습니까?

05 ～てもらえませんか ~해 줄 수 없겠습니까?

06 ～ていただけませんか ~해 주실 수 없겠습니까?

MEMO

1 물건의 수수표현

물건을 주고받는 표현

수수표현이란 무언가를 주고받는 표현을 말한다. 문장 속에서 누가 주고 누가 받는지를 잘 파악한다면 쉽게 이해할 수 있을 것이다.

01 あげる 주다(다른 사람에게 주다)

- 私(わたし)は友(とも)だちにケーキをあげました。
- 木村(きむら)さんは山田(やまだ)さんにネクタイをあげました。

02 くれる 주다(다른 사람이 나에게 주다)

- ジョンさんは私(わたし)に英語(えいご)の本(ほん)をくれました。
- この時計(とけい)は父(ちち)がくれたものです。

참고

받는 쪽이 나뿐만 아니라 우리 쪽일 때도 くれる를 쓴다.

㉧ 山田(やまだ)さんは妹(いもうと)にプレゼントをくれました。
야마다 씨는 여동생에게 선물을 주었습니다.

03 もらう 받다

- 私(わたし)は友(とも)だちにめずらしい切手(きって)をもらいました。
- 田中(たなか)さんは水野(みずの)さんにネクタイをもらいました。

MEMO

2 동작의 수수표현

동작을 주고받는 표현

동작의 수수표현은 동사의 て형(~하고, ~해서)에 붙어서 동작을 주고받는 행위를 나타낸다. 이때 동작의 내용은 받는 사람에게 이득이 되는 내용인 경우가 많다. 주고받는 내용이 동작이라는 것을 제외하면 기본적인 내용은 물건의 수수표현과 같다.

01 ~てあげる ~해 주다(다른 사람에게 어떤 동작을 해 주다)

- 私(わたし)は田中(たなか)さんに写真(しゃしん)を見(み)せてあげました。
- 林(はやし)さんは山田(やまだ)さんに辞書(じしょ)を貸(か)してあげました。

02 ~てくれる ~해 주다(다른 사람이 나에게 어떤 동작을 해 주다)

- 私(わたし)が病気(びょうき)のとき、姉(あね)が世話(せわ)してくれた。
- 木村(きむら)さんは私(わたし)にチョコレートを買(か)ってくれました。

03 ~てもらう (~에게) ~해 받다(어떠한 동작을 받다), (~가) ~해 주다

- 私(わたし)は田中(たなか)さんに写真(しゃしん)をとってもらいました。
- 私(わたし)はジョンさんに英語(えいご)を教(おし)えてもらいました。

참고

'존 씨가 나에게 영어를 가르쳐 주었습니다.' 이 문장을 작문하면 두 가지 표현이 가능하다.

a ジョンさんが私(わたし)に英語(えいご)を教(おし)えてくれました。

b 私(わたし)はジョンさんに英語(えいご)を教(おし)えてもらいました。

a 「Aが教(おし)えてくれる」와 b 「Aに教(おし)えてもらう」는 의미상의 차이는 없으나 일본사람들은 「~てもらう」 쪽을 많이 사용한다. b 문장은 직역하면, '나는 존 씨에게 영어를 가르쳐 받았습니다'인데 어딘가 어색하다. 역시 a 문장처럼 '존 씨가 나에게 영어를 가르쳐 주었습니다'로 해석하는 것이 자연스럽다.

MEMO

3 물건 수수의 경어표현

01 물건을 주고받는 표현의 존경과 겸손

구분	기본표현	응용표현 (존경과 겸손)
주다	あげる (남에게) 주다	↗ さしあげる 드리다
		→ あげる 주다
		↘ やる (동식물이나 아랫사람에게) 주다
	くれる (나에게) 주다	↗ くださる 주시다
		↘ くれる 주다
받다	もらう 받다	↗ いただく '받다'의 겸손
		↘ もらう 받다

02 やる 주다

「やる」는 손아랫사람이나 동물에게 먹이를 주거나 식물에 물을 줄 때 사용한다.

- 私(わたし)は田中(たなか)さんにボールペンをやりました。

03 さしあげる 드리다

「さしあげる」는「あげる」를 겸손하게 나타낸 말로 '드리다'라는 의미이다.

- このネクタイは山田先生(やまだせんせい)にさしあげるつもりです。

04 くださる 주시다

「くださる」는「くれる」의 높임말(존경어)로 '주시다'로 해석한다.

- これは田中先生(たなかせんせい)がくださった辞書(じしょ)です。

MEMO

05 いただく 받다

「いただく」는 윗사람으로부터 무언가를 받을 때 사용하며, 「もらう」의 겸손한 표현이다.

- この辞書(じしょ)は田中先生(たなかせんせい)からいただいたものです。

4 동작 수수의 경어표현

01 동작을 주고받는 표현의 존경과 겸손

구분	기본표현	응용표현 (존경과 겸손)
주다	～てあげる (남에게) ~해 주다	↗ ～てさしあげる ~해 드리다
		→ ～てあげる ~해 주다
		↘ ～てやる (동식물이나 아랫사람에게) ~해 주다
	～てくれる (나에게) ~해 주다	↗ ～てくださる ~해 주시다
		↘ ～てくれる ~해 주다
받다	～てもらう ~해 받다	↗ ～ていただく '~해 받다'의 겸손
		↘ ～てもらう ~해 받다

02 ～てやる ~해 주다

「～てやる」는 대등한 관계나 손아랫사람에게 어떠한 동작을 할 때에 사용한다.

- 私(わたし)は妹(いもうと)にスカーフを買(か)ってやりました。

03 ～てさしあげる ~해 드리다

「～てさしあげる」는 남에게 어떤 동작을 한다는 의미를 겸손하게 나타낸다.

- 私(わたし)はおばあさんの荷物(にもつ)を持(も)ってさしあげました。

MEMO

04 ～てくださる ～해 주시다

「～てくださる」는 동작을 받는 사람의 입장에서, 어떠한 사람이 어떠한 동작을 베풀어 준다는 의미를 나타내는 존경표현이다.

- 山田先生(やまだせんせい)は、私(わたし)の話(はなし)をよく聞(き)いてくださいました。

05 ～ていただく (～에게) ～해 받다, (～가) ～해 주다

「～ていただく」는 다른 사람으로부터 이득이 되는 동작을 받는다는 의미를 나타내는 겸손한 표현이다.

- 分(わ)からないことばを先生(せんせい)に教(おし)えていただきました。

5 수수표현의 응용표현

다음의 표현은 모두 상대방에게 무언가를 요구하는 내용들이다. 이러한 의뢰와 요구의 표현은 경어표현과 결합되어 관용적으로 사용되므로 잘 익혀 두자.

01 ～てください ～해 주세요

- この漢字(かんじ)の読(よ)み方(かた)を教(おし)えてください。
- ここにお名前(なまえ)と住所(じゅうしょ)を書(か)いてください。

02 ～ないでください ～하지 말아 주세요, ～하지 마세요

- あまり大(おお)きい声(こえ)で話(はな)さないでください。
- 風邪(かぜ)のときはお風呂(ふろ)に入(はい)らないでください。

MEMO

03 ～てくれますか ～해 주겠습니까?

- すみませんが、この手紙(てがみ)も出(だ)してきてくれますか。
- 上田(うえだ)さんの電話番号(でんわばんごう)を知(し)っていたら、教(おし)えてくれますか。

04 ～てくださいますか ～해 주시겠습니까?

- もう一度(いちど)言(い)ってくださいますか。
- ボールペンを貸(か)してくださいますか。
- A 「窓(まど)を開(あ)けてくださいますか。」
  B 「ええ、いいですよ。」

05 ～てもらえませんか ～해 줄 수 없겠습니까?

- 少(すこ)し静(しず)かにしてもらえませんか。
- テレビの音(おと)を小(ちい)さくしてもらえませんか。

06 ～ていただけませんか ～해 주실 수 없겠습니까?

- 駅(えき)に行(い)く道(みち)を教(おし)えていただけませんか。
- 窓(まど)をしめていただけませんか。
- ちょっと電話(でんわ)を貸(か)していただけませんか。

연습문제 ⑩

問題　つぎの文の（　　）に入れるのに最もよいものを１・２・３・４から一つえらびなさい。

1　北野(きたの)さんの誕生日にこのスカーフを（　　　）つもりです。

1 いただく　　2 くれる　　3 もらう　　4 あげる

2　そのマフラー、すてきですね。だれに（　　　）。

1 くれたんですか　　2 あげたんですか

3 さしあげたんですか　　4 もらったんですか

3　今井(いまい)さんは、私に辞書(じしょ)を（　　　）。

1 やりました　　2 くれました　　3 あげました　　4 もらいました

4　上田(うえだ)さんは私に旅行のお土産(みやげ)を（　　　）。

1 もらいました　　2 やりました　　3 くれました　　4 あげました

5　私は妹にノートを買って（　　　）。

1 あげました　　2 さしあげました　　3 くれました　　4 いただきました

6　パソコンがこわれてしまったので、友だちに（　　　）。

1 直してくれた　　2 直してもらった　　3 直してやった　　4 直してくださった

7　両親(りょうしん)は今までいっしょうけんめい私たちを育(そだ)てて（　　　）。

1 くれました　　2 あげました　　3 もらいました　　4 やりました

8　分からないことがあるときは、先生に教えて（　　　）。

1 くれます　　2 もらいます　　3 あげます　　4 くださいます

9　弟が悩(なや)んでいたのは知っていたけれど、そのとき私は仕事が忙しくて、何も話を（　　　）。

1 聞いたほうがよかった　　2 聞いてもかまわなかった

3 聞いてあげられなかった　　4 聞いてやってよかった

10　A「すみませんが、ちょっと仕事を手伝(てつだ)って（　　　）ませんか。」
B「はい、いいですよ。」

1 あげ　　2 もらい　　3 いただき　　4 くれ

PART 4 연습문제 ⑪

問題 つぎの文の（　　）に入れるのに最も よいものを１・２・３・４から一つえらびなさい。

1　この時計(とけい)は、私の誕生日(たんじょうび)のプレゼントに父が（　　　）んです。

1 いただいた　　2 もらった　　3 くれた　　4 あげた

2　私は田中(たなか)さんに荷物(にもつ)を持って（　　　）。

1 あげた　　2 もらった　　3 くれた　　4 やった

3　母はにわの花に水を（　　　）。

1 やります　　2 くださいます　　3 なさいます　　4 いただきます

4　傘(かさ)を忘れて来ましたが、水野(みずの)さんが貸(か)して（　　　）。

1 いただきました　　2 もらいました　　3 あげました　　4 くれました

5　私は友だちのお母さんに京都(きょうと)の市内を案内して（　　　）。

1 いらっしゃいました　　2 いただきました

3 くださいました　　4 くれました

6　話し方がちょっと速すぎて私には分かりません。もう少しゆっくり話して（　　　）。

1 いただけませんか　　2 さしあげませんか　　3 もらいましたか　　4 あげますか

7　この本は、私が妹に買って（　　　）ものです。

1 くれた　　2 やった　　3 さしあげた　　4 いただいた

8　山田(やまだ)先生は生徒(せいと)の話をよく聞いて（　　　）。

1 くださいます　　2 やります　　3 いただきます　　4 さしあげます

9　私たちは、山田(やまだ)先生にプレゼントを用意(ようい)して、最後の授業の日に（　　　）計画を立てた。

1 さしあげる　　2 くださる　　3 なさる　　4 いただく

10　木村(きむら)「すみませんが、この書類を北野(きたの)さんに（　　　）。お願いします。」
松本(まつもと)「はい、いいですよ。」

1 渡してあげますよ　　2 渡そうと思えますか

3 渡してもらえませんか　　4 渡そうとしませんよ

연습문제 ⑫

問題3 つぎの文の ＿★＿ に入るのに最もよいものを１・２・３・４から一つえらびなさい。

1 このハンカチは妹が誕生日に ＿＿ ＿＿ ＿★＿ ＿＿ です。

1 くれた　2 もの　3 プレゼント　4 して

2 私は木村（きむら）さんに海 ＿＿ ＿＿ ＿★＿ ＿＿ もらいました。

1 で　2 写真　3 とった　4 を

3 このネクタイは ＿＿ ＿＿ ＿★＿ ＿＿ です。

1 つもり　2 に　3 さしあげる　4 山田（やまだ）先生

4 かべにごみの出し方が書いて ＿＿ ＿＿ ＿★＿ ＿＿ 見てください。

1 から　2 あります　3 ときは　4 わからない

5 私は先生 ＿＿ ＿＿ ＿★＿ ＿＿ 直してもらいました。

1 作文　2 に　3 英語の　4 を

6 すみません、あしたの ＿＿ ＿＿ ＿★＿ ＿＿ が。

1 午前中　2 いただきたい　3 お休みを　4 んです

7 A「すてきなかばんですね。」
B「ええ、父 ＿＿ ＿＿ ＿★＿ ＿＿ くれたんです。」

1 が　2 に　3 買って　4 誕生日

8 駅まで迎（むか）えに ＿＿ ＿＿ ＿＿ ＿★＿ いてください。

1 待って　2 行って　3 から　4 あげます

9 中山（なかやま）「島田さん、荷物（にもつ）が重くてたいへんでしたね。」
島田（しまだ）「ええ。でも、友だちが車で ＿＿ ＿＿ ＿★＿ ＿＿ んです。」

1 送って　2 くれた　3 まで　4 ここ

10 道が分からなかったので、＿＿ ＿＿ ＿★＿ ＿＿ んです。

1 もらった　2 友だちに　3 教えて　4 電話して

해석보기

PART5

의지 및 명령표현

MEMO

1 의지, 명령, 금지를 나타내는 활용형태

동사의 종류	사전형	의지형	명령형	금지형
1그룹 동사	書(か)く	書(か)こう 쓰겠다	書(か)け 써	書(か)くな 쓰지 마
	話(はな)す	話(はな)そう 이야기하겠다	話(はな)せ 이야기해	話(はな)すな 이야기하지 마
	遊(あそ)ぶ	遊(あそ)ぼう 놀겠다	遊(あそ)べ 놀아	遊(あそ)ぶな 놀지 마
	飲(の)む	飲(の)もう 마시겠다	飲(の)め 마셔	飲(の)むな 마시지 마
	乗(の)る	乗(の)ろう 타겠다	乗(の)れ 타	乗(の)るな 타지 마
2그룹 동사	見(み)る	見(み)よう 보겠다	見(み)ろ 봐	見(み)るな 보지 마
	決(き)める	決(き)めよう 결정하겠다	決(き)めろ 결정해	決(き)めるな 결정하지 마
	食(た)べる	食(た)べよう 먹겠다	食(た)べろ 먹어	食(た)べるな 먹지 마
3그룹 동사	来(く)る	来(こ)よう 오겠다	来(こ)い 와	来(く)るな 오지 마
	する	しよう 하겠다	しろ 해	するな 하지 마

2 의지형

01 ～う/よう ～해야지, ～하겠다 〈의지〉 / ～하자, ～하자꾸나 〈권유〉

의미 말하는 사람의 의지나 결심을 나타내거나, 상대방에게 무언가를 권하는 권유의 의미를 나타낸다.

MEMO

- 今日(きょう)はつかれたから、はやく帰(かえ)ろう。 의지
- 天気予報(てんきよほう)をみて、出(で)かけるかどうかを決(き)めよう。 권유

02 ～う/ようと思(おも)う ～하려고 생각하다

접속 동사의 의지형+と+思う

의미 어떠한 행동을 하려는 의사나 의지를 나타낸다.

- 今晩(こんばん)はこの本(ほん)を読(よ)もうと思(おも)います。
- その本(ほん)は図書館(としょかん)で借(か)りようと思(おも)います。

03 ～う/ようとする ～하려고 하다

접속 동사의 의지형+と+する

의미 행동으로 옮기려는 적극적인 의지를 나타내는 표현이다.

- 漢字(かんじ)はいくら覚(おぼ)えようとしても、すぐ忘(わす)れてしまう。
- 家(いえ)を出(で)ようとしたとき、電話(でんわ)がかかってきました。

04 ～つもりだ ～할 작정(생각)이다

접속 동사의 사전형+つもりだ / 동사의 ない형+ない+つもりだ

의미 어떠한 행동을 하려는 의사나 의지를 나타낸다.

- 明日(あした)からたばこをやめるつもりです。
- これからは息子(むすこ)の宿題(しゅくだい)を手伝(てつだ)わないつもりです。

MEMO

05 ～ように ～하도록

접속 동사의 사전형+ように, 동사의 ない형+ない+ように

의미 「～ように」의 형태로, 동작의 목적이나 의도를 나타낸다.

- 後ろの人にもよく見えるように字を大きく書きます。
- テレビを見すぎないように注意しましょう。

참고

「～ように」가 '～처럼, ～대로'의 의미로, 어떠한 동작을 지시하는 느낌을 나타내는 경우도 있다.

예 自習の時間では好きなように勉強することができます。
자습 시간에는 자기 좋을 대로 공부할 수가 있습니다.

06 ～ようにする ～하도록 하다

접속 동사의 사전형+ようにする, 동사의 ない형+ない+ようにする

의미 의도적으로 어떠한 행위를 하는 경우를 나타낸다.

- 窓を開けて涼しい風が入るようにする。
- 試験に合格するまでテレビは見ないようにします。

3 명령형

01 명령형 ～해라

의미 명령형은 어떠한 행동을 지시하는 강한 의지표현이다. 그대로 사용하면 매우 강한 느낌을 주기 때문에, 상하관계가 명확한 경우에 사용한다. 또한, 「よ」를 붙여서 조금 부드러운 느낌을 주기도 한다.

- これを見ろ。
- ぜんぶ食べろ。

MEMO

- もっと勉強(べんきょう)しろ。
- 時間(じかん)がない。急(いそ)げよ。

02 ～な ～하지 마, ～하지 마라

접속 동사의 사전형＋な

의미 강한 금지를 나타내는 표현이다.

- ここでタバコを吸(す)うな。
- ろうかは走(はし)るな。
- つくえの上(うえ)に座(すわ)るな。
- この機械(きかい)にさわるな。

03 ～なさい ～하시오, ～하거라

접속 동사의 ます형＋なさい

의미 명령을 나타내지만 정중한 느낌을 주는 표현이다. 어른이 아이에게, 선생님이 학생을 상대로 사용하는 경우가 많다.

- ここをよく読(よ)んでみなさい。
- 歯(は)をみがいてから寝(ね)なさい。

04 ～こと ～할 것

접속 동사의 사전형＋こと, 동사의 ない형＋ない＋こと

의미 어떠한 내용을 지시하거나 규칙을 나타낼 때 사용한다. 명령형은 상대방에게 개별적으로 지시하지만, 「～こと」는 일반적인 규칙이라는 느낌을 준다.

- 図書館(としょかん)の本(ほん)は借(か)りたら必(かなら)ず返(かえ)すこと。
- 車(くるま)は駐車場(ちゅうしゃじょう)に止(と)めること。
- ここではたばこを吸(す)わないこと。

연습문제 ⑬

問題　つぎの文の（　　）に入れるのに最もよいものを１・２・３・４から一つえらびなさい。

1　これからどうするのかゆっくり考えて（　　　）。

1 みえる　　2 みないで　　3 みなさい　　4 みるな

2　母は毎日、弟に勉強する（　　　）言っています。

1 ために　　2 ように　　3 ようと　　4 ので

3　天(てん)ぷらを（　　　）としたが、油(あぶら)が足(た)りなかったので、作るのをやめた。

1 作れる　　2 作ろう　　3 作って　　4 作った

4　明日は、時間におくれない（　　　）に来てください。

1 こと　　2 そう　　3 よう　　4 はず

5　私はメールの返事をまだ書いていません。いますぐ（　　　）と思います。

1 書く　　2 書こう　　3 書いて　　4 書いた

6　（　　　）としたとき、友だちが電話をかけてきました。

1 寝る　　2 寝て　　3 寝よう　　4 寝るよう

7　テレビばかり（　　　）。もっと勉強しろ。

1 見るな　　2 見ろ　　3 見るも　　4 見てね

8　甘いものばかり食べると太(ふと)るので、できるだけ（　　　）ようにしています。

1 食べる　　2 食べて　　3 食べない　　4 食べた

9　自転車に乗るときは、急(きゅう)に方向(ほうこう)を（　　　）こと。

1 変えて　　2 変える　　3 変えない　　4 変えよう

10　中村(なかむら)「山田さん。今度の休みは何をしますか。」
山田(やまだ)「ゴルフをする（　　　）。」

1 ことです　　2 はずです　　3 つもりです　　4 そうです

연습문제 ⑭

問題 つぎの文の（　　）に入れるのに最もよいものを１・２・３・４から一つえらびなさい。

1 全員(ぜんいん)運動場に集合(しゅうごう)（　　　）こと。

1 して　　2 せず　　3 する　　4 し

2 医者からお酒を（　　　）ように言われているのだが、なかなかやめられない。

1 やめる　　2 やめて　　3 やめた　　4 やめない

3 少し不便でも静かな郊外(こうがい)で（　　　）と思っています。

1 くらして　　2 くらす　　3 くらそう　　4 くらせば

4 友だちに手紙を（　　　）したが、疲れて寝てしまった。

1 書く　　2 書こうと　　3 書こうに　　4 書いたと

5 もう９時だよ。はやく（　　　）。

1 起きず　　2 起きない　　3 起きろ　　4 起きるな

6 小さい子どもが一人で外に出ない（　　　）してください。

1 ために　　2 ように　　3 ようと　　4 から

7 わたしはしょうらい学者(がくしゃ)になる（　　　）です。

1 とおり　　2 ように　　3 つもり　　4 ところ

8 図書館では大きいこえで（　　　）な。

1 話し　　2 話して　　3 話す　　4 話せ

9 母はいつも私に車に気を（　　　）といいました。

1 つけよう　　2 つけるな　　3 つけなく　　4 つけなさい

10 この薬(くすり)は子どもが間違って（　　　）、子供の手の届(とど)かないところに置いてください。

1 飲み終わらないように　　2 飲み終わらないようで

3 飲んでしまわないように　　4 飲んでしまわないようで

PART 5 연습문제 ⑮

問題 つぎの文の ＿★＿ に入るのに最もよいものを１・２・３・４から一つえらびなさい。

1 私は、明日 ＿＿ ＿＿ ＿★＿ ＿＿ ですが、あなたも行きませんか。

1 行く　2 コンサート　3 つもり　4 に

2 ドアを ＿＿ ＿＿ ＿★＿ ＿＿ 開かなかった。

1 と　2 したが　3 開けよう　4 なかなか

3 明日は８時 ＿＿ ＿＿ ＿★＿ ＿＿ こと。

1 学校　2 までに　3 に　4 来る

4 ふろ ＿＿ ＿＿ ＿★＿ ＿＿ とき、友だちから電話がかかってきました。

1 に　2 した　3 入ろう　4 と

5 子どもたちに ＿＿ ＿＿ ＿★＿ ＿＿ いつも言っています。

1 ように　2 気を　3 車に　4 つける

6 カメラを持っていないので、＿＿ ＿＿ ＿★＿ ＿＿ 思います。

1 友だち　2 借(か)りよう　3 と　4 から

7 両親(りょうしん)は、いつも私に「たった ＿＿ ＿＿ ＿★＿ ＿＿ 」と言ってくれる。

1 やりなさい　2 やりたい　3 ように　4 一度の人生だから

8 あなたは ＿＿ ＿＿ ＿★＿ ＿＿ つもりですか。

1 何を　2 国へ　3 する　4 帰ったら

9 私は新しいカメラを買う ＿＿ ＿＿ ＿★＿ ＿＿ しています。

1 お金を　2 ように　3 使わない　4 つもりなので

10 母に、「遊んで ＿＿ ＿＿ ＿★＿ ＿＿ しなさい。」と怒られた。

1 勉強　2 ばかり　3 もっと　4 いないで

해석보기

PART6

자동사와 타동사

MEMO

1 자동사, 타동사의 정의

01 자동사(自動詞)

표현하고자 하는 동작이나 작용이 대상에 영향을 미치는 것이 아니라 주어 자신의 움직임을 나타내는 동사를 말한다.

- 駅前(えきまえ)に新(あたら)しいビルが建(た)ちました。
- 庭(にわ)にボールが落(お)ちています。

02 타동사(他動詞)

어떠한 대상에 동작이나 영향을 미치는 의미를 지닌 동사, 즉 목적어를 취하는 동사를 말하며, 목적어에는 주로 조사 「を」를 쓴다.

- 窓(まど)ガラスを割(わ)ってしまった。
- お湯(ゆ)を沸(わ)かしてお茶(ちゃ)を飲(の)む。

주의

이동하거나 통과하는 장소, 동작의 출발점은 조사 「を」를 써서 나타내는데, 이때 사용되는 동사는 자동사이다. 즉, 조사 「を」는 동작의 대상이 아니기 때문에 뒤에 오는 동사는 자동사에 속한다.

道(みち)を歩(ある)く。 길을 걷다.
家(いえ)を出(で)る。 집을 나가다.
空(そら)を飛(と)ぶ。 하늘을 날다.
バスを降(お)りる。 버스에서 내리다.
席(せき)を立(た)つ。 자리를 뜨다.
角(かど)を曲(ま)がる。 모퉁이를 돌다.
橋(はし)を渡(わた)る。 다리를 건너다.

MEMO

2 자동사와 타동사의 종류

자동사와 타동사는 다음과 같이 쌍으로 기억해 두면 편리하다.

자동사	타동사
あ단+る	**え단+る**
上(あ)がる 오르다	上(あ)げる 올리다
下(さ)がる 내리다	下(さ)げる 낮추다
閉(し)まる 닫히다	閉(し)める 닫다
集(あつ)まる 모이다	集(あつ)める 모으다
変(か)わる 바뀌다	変(か)える 바꾸다
決(き)まる 결정되다	決(き)める 결정하다
止(と)まる 멈춰서다	止(と)める 멈추다
始(はじ)まる 시작되다	始(はじ)める 시작하다
かかる 걸리다	かける 걸다
見(み)つかる 발견되다	見(み)つける 발견하다
終(お)わる 끝나다	終(お)える 끝내다
伝(つた)わる 전해지다	伝(つた)える 전하다
る 이외의 う단	**え단+る**
開(あ)く 열리다	開(あ)ける 열다
立(た)つ 서다	立(た)てる 세우다
建(た)つ 건설되다	建(た)てる 건설하다
続(つづ)く 계속되다	続(つづ)ける 계속하다
並(なら)ぶ 줄 서다	並(なら)べる 늘어놓다
届(とど)く 도착하다	届(とど)ける 보내다

MEMO

확인연습 1

a. かべにコートを（①かかりました・②かけました）。

b. ドアを（①開いて・②開けて）中に入りました。

c. テーブルの上にお皿を（①ならべて・②ならんで）ください。

정답 a② b② c①

자동사	타동사
～れる	～る
切(き)れる 끊어지다	切(き)る 끊다, 자르다
折(お)れる 접히다	折(お)る 꺾다
割(わ)れる 깨지다	割(わ)る 깨다
え단+る	う단
焼(や)ける 타다, 구워지다	焼(や)く 태우다, 굽다
解(と)ける 풀리다	解(と)く 풀다
い단+る	お단+す
起(お)きる 일어나다	起(お)こす 일으키다, 깨우다
落(お)ちる 떨어지다	落(お)とす 떨어뜨리다
降(お)りる 내리다	降(お)ろす 내려놓다
～る	～す
直(なお)る 고쳐지다	直(なお)す 고치다
治(なお)る 치료되다, 낫다	治(なお)す 치료하다
渡(わた)る 건너다	渡(わた)す 건네다
残(のこ)る 남다	残(のこ)す 남기다

확인연습 2

a. ガラスのコップを（①割って・②割れて）しまいました。

b. くすりを飲んでも風邪が（①治しません・②治りません）。

c. 私は毎朝6時に（①起きます・②起こします）。

정답 a① b② c①

MEMO

자동사	타동사
え단+る	あ단+す
出(で)る 나오다	出(だ)す 꺼내다
冷(ひ)える 차가워지다	冷(ひ)やす 차게 하다
増(ふ)える 증가하다	増(ふ)やす 늘리다
う단	あ단+す
沸(わ)く 끓다	沸(わ)かす 끓이다
乾(かわ)く 마르다	乾(かわ)かす 말리다
動(うご)く 움직이다	動(うご)かす 움직이게 하다
기타	기타
見(み)える 보이다	見(み)る 보다
入(はい)る 들어가다	入(い)れる 넣다
消(き)える 꺼지다, 지워지다	消(け)す 끄다, 지우다
無(な)くなる 없어지다	無(な)くす 분실하다
捕(つか)まる 잡히다	捕(つか)まえる 잡다
聞(き)こえる 들리다	聞(き)く 듣다

확인연습 3

a. お湯を（①わいて・②わかして）お茶を飲む。

b. 部屋の電気を（①消してから・②消えてから）寝ます。

c. 先生の説明をよく（①聞いて・②聞こえて）ください。

정답 a② b① c①

PART 6 연습문제 ⑯

問題 つぎの文の（　　）に入れるのに最もよいものを１・２・３・４から一つえらびなさい。

1　テレビの音が（　　　）。
　1 みえます　　2 みます　　3 ききます　　4 きこえます

2　店の前に車が（　　　）います。
　1 閉まって　　2 閉めて　　3 止まって　　4 止めて

3　あ、床(ゆか)に財布(さいふ)が（　　　）よ。
　1 おちています　　2 おちてあります　　3 おとしています　　4 おとしてあります

4　ここからは黒板(こくばん)の字がぜんぜん（　　　）。
　1 見ていません　　2 見えません　　3 見ません　　4 見せません

5　私は自転車屋でこわれた自転車を（　　　）もらいました。
　1 ならんで　　2 なおって　　3 なおして　　4 ならべて

6　料理をしていたので、電話の音が（　　　）でした。
　1 ききません　　2 きかせません　　3 きこえません　　4 きかれません

7　砂糖(さとう)を（　　　）すぎたので、とても甘かったです。
　1 いれ　　2 はいり　　3 いれて　　4 はいって

8　この店はいつもたくさん人が（　　　）ね。
　1 ならんでいます　　2 ならべています
　3 ならんであります　　4 ならべてあります

9　あとで捨てるから、ごみを（　　　）おいてください。
　1 集まる　　2 集める　　3 集まって　　4 集めて

10　お客さんが来るからテーブルの上にお皿を（　　　）おきます。
　1 並んで　　2 並べて　　3 並ぶ　　4 並べる

PART 6 연습문제 ⑰

問題 つぎの文の（　　）に入れるのに最も よいものを１・２・３・４から一つえらびなさい。

1 半年前(はんとし)から部屋を探しているが、なかなかいい部屋が（　　　）。

1 見つからない　　2 見かけない　　3 見せない　　4 見つけない

2 そのような大事なことを一人で（　　　）ことはできません。

1 きまる　　2 きめる　　3 しまる　　4 しめる

3 洗濯機が（　　　）ので、修理(しゅうり)してもらった。

1 こわれた　　2 こわした　　3 ふえた　　4 ふやした

4 台風(たいふう)で窓ガラスが（　　　）大変でした。

1 われて　　2 わって　　3 かわいて　　4 かわかして

5 どこからかパンを（　　　）いいにおいがします。

1 うる　　2 うれる　　3 やく　　4 やける

6 時間になっても会議がなかなか（　　　）。

1 つづきません　　2 はじまりません　　3 つづけません　　4 はじめません

7 風がとても強かったので、かさが（　　　）しまいました。

1 なおって　　2 なおして　　3 こわれて　　4 こわして

8 暗いですね。電気を（　　　）ましょうか。

1 つき　　2 つけ　　3 きえ　　4 けし

9 地震(じしん)で電車が（　　　）しまったので、歩いて家に帰りました。

1 とまって　　2 とめて　　3 たまって　　4 ためて

10 朝起きて外を（　　　）、雪が降っていました。

1 みたら　　2 みえたら　　3 みつかったら　　4 みせたら

PART 6 연습문제 ⑱

問題 つぎの文の __★__ に入るのに最もよいものを１・２・３・４から一つえらびなさい。

1　だれもいない ____ ____ __★__ ____ います。

1 ドアが　　2 開いて　　3 はずなのに　　4 家の

2　家のとなりに ____ ____ __★__ ____ 暗くなりました。

1 部屋が　　2 高い　　3 建物が　　4 建って

3　まだ時間がありますから ____ ____ __★__ ____ でも飲みましょう。

1 お湯　　2 わかして　　3 コーヒー　　4 を

4　先日学生証(せんじつがくせいしょう)が ____ ____ __★__ ____ しまって大変だった。

1 入って　　2 財布(さいふ)を　　3 なくして　　4 いる

5　毎日テニスの練習を ____ ____ __★__ ____ なりました。

1 とても　　2 上手に　　3 つづけた　　4 ので

6　レストランの前に人が ____ ____ __★__ ____、１時間も待って食べました。

1 たくさん　　2 いた　　3 ので　　4 並んで

7　昨日は家の ____ ____ __★__ ____ 困りました。

1 本当に　　2 かぎ　　3 なくして　　4 を

8　寝る前には ____ ____ __★__ ____ してください。

1 部屋の　　2 消(け)す　　3 ように　　4 電気を

9　その ____ ____ __★__ ____ エアコンの風が弱くなりますよ。

1 左に　　2 と　　3 回す　　4 スイッチを

10　いっしょうけんめい勉強したら、だんだん ____ ____ __★__ ____ います。

1 成績(せいせき)　　2 上がって　　3 が　　4 きて

총정리문제 ①

問題1 つぎの文の（　　）に入れるのに最もよいものを1・2・3・4から一つえらびなさい。

1　この機械（きかい）の（　　　）方を教えてください。

1 使って　2 使い　3 使う　4 使うの

2　雨が降りそうだから、かさを持って（　　　）ほうがいいですよ。

1 行くの　2 行けば　3 行った　4 行って

3　そんなことを（　　　）だめだよ。

1 言って　2 言っちゃ　3 言うは　4 言っちゃう

4　健康（けんこう）のために、はやく寝るように（　　　）いる。

1 なって　2 して　3 あって　4 きまって

5　今井（いまい）先生は私の話をよく聞いて（　　　）。

1 くださいました　2 やりました　3 いただきました　4 さしあげました

6　さとう「この本はだれのですか。」
やまだ「私のです。ここに名前が書いて（　　　）から。」

1 います　2 あります　3 しまいます　4 おきます

7　遊びたいけど、テストがあるから勉強し（　　　）。

1 なくてはいけません　2 ないではだめです
3 ないではすみません　4 ないではなりません

8　テニスならぼくが教えて（　　　）よ。

1 やる　2 くれる　3 する　4 なさる

9 このごろファーストフードを食べない人が増(ふ)えて（　　　）。

1 いきます　2 いきました　3 きます　4 きました

10 この書類(しょるい)を中村(なかむら)部長に（　　　）ください。

1 わたして　2 わたって　3 つたえて　4 つたわって

11 母は子どもに「さきに手を洗ってからお菓子(かし)を（　　　）。」と言いました。

1 たべません　2 たべたがる　3 たべるな　4 たべなさい

12 遠くからもよく見える（　　　）字を大きく書いてください。

1 そうに　2 ように　3 のか　4 ことに

13 シャワーをあびていたので、電話の音が（　　　）でした。

1 ききません　2 きかせません　3 きこえません　4 きかれません

問題2 つぎの文の ＿★＿ に入るのに最もよいものを1・2・3・4から一つえらびなさい。

14 女性が仕事を ＿＿ ＿＿ ＿★＿ ＿＿ のは大変です。

1 そだてる　2 を　3 しながら　4 子ども

15 このような言葉は ＿＿ ＿＿ ＿★＿ ＿＿ 思います。

1 わからない　2 と　3 辞書(じしょ)を　4 ひいても

16 この時計は誕生日に、＿＿ ＿＿ ＿★＿ ＿＿ ものです。

1 父が　2 くれた　3 プレゼント　4 して

17 いちばん ＿＿＿ ＿＿＿ ＿★＿ ＿＿＿ 大きな声で話してください。

1 後ろの　　2 ように　　3 聞こえる　　4 人にも

18 これだけの仕事、とても ＿＿＿ ＿＿＿ ＿★＿ ＿＿＿ よ。

1 やり　　2 では　　3 きれない　　4 一人

問題3 つぎの文章を読んで、文章全体の内容を考えて、[19] から [23] の中に入る最もよいものを、1・2・3・4から一つえらびなさい。

図書館で勉強していると、小学生の男の子二人がやってきた。二人は、ここが図書館とは [19] ような大声で話をしていた。

悪気はなさそうなので、何となく [20] と思っていた。そのとき、一人の男の子が「お前、下の階で調べてよ。いいものあったら、ケータイに電話して！」と言った。しばらくすると、その子の携帯電話のベルが大きな音で鳴って、電話で話し始めた。

図書館の入り口には「携帯電話は使用禁止」とお願いが [21] 。図書館という公共の場を利用するのだから、年に関係なくルールは [22] と思う。子どもたちにマナーがないのは、親の責任でもあるだろう。親は、公共の場での過ごし方、携帯電話を使用する時のルールをきちんと子どもに [23] 。

19

1 知っている　2 知られる　3 知らない　4 知らせる

20

1 注意したい
2 注意しにくい
3 注意しなくてはいけない
4 注意しすぎる

21

1 書いてある　2 書いている　3 書いてしまう　4 書いておく

22

1 守られている
2 守れなくてもいい
3 守らなくてはいけない
4 守ろうとしない

23

1 教えきれない　2 教えてほしい　3 教えてみる　4 教えない方がいい

해석보기

PART7

조건표현

MEMO

1 조건(と・ば・たら・なら)

「と・ば・たら・なら」의 기본은 어떤 일(A)을 조건으로 다른 일(B)이 성립한다는 점이다. 즉 (A)가 있어야 (B)가 발생한다.

01 동사의 활용표 – 조건표현

동사의 종류	사전형	と	ば	たら	なら	뜻
1그룹동사	書く	書くと	書けば	書いたら	書くなら	쓰면
	話す	話すと	話せば	話したら	話すなら	이야기하면
	遊ぶ	遊ぶと	遊べば	遊んだら	遊ぶなら	놀면
	飲む	飲むと	飲めば	飲んだら	飲むなら	마시면
	読む	読むと	読めば	読んだら	読むなら	읽으면
	乗る	乗ると	乗れば	乗ったら	乗るなら	타면
2그룹동사	見る	見ると	見れば	見たら	見るなら	보면
	起きる	起きると	起きれば	起きたら	起きるなら	일어나면
	食べる	食べると	食べれば	食べたら	食べるなら	먹으면
3그룹동사	来る	来ると	来れば	来たら	来るなら	오면
	する	すると	すれば	したら	するなら	하면

02 「と・ば・たら・なら」 만들기(동사의 경우)

1 ば : 동사의 ば형은 동사의 종류에 관계없이 어미를 え단으로 바꾸고 ば를 붙인다.

2 たら : た형 뒤에 ら를 붙인다.

3 と・なら : 동사의 사전형에 붙인다.

MEMO

2 と

「と」는 습관이나 자연법칙과 같은 것에 주로 쓰인다. 그러므로 내용상 필연적인 결과, 예측 가능한 일에는「と」를 사용하는 것이 일반적이다.

01 접속

동사	동사의 사전형＋と	みる	→	みると
い형용사	い형용사의 사전형＋と	さむい	→	さむいと
な형용사	な형용사의 어간＋だ＋と	ひまだ	→	ひまだと
명사	명사＋だ＋と	学生(がくせい)	→	学生(がくせい)だと

02 의미

1 보편성, 습관 등

- 春(はる)になると、花(はな)が咲(さ)く。 자연법칙
- 父(ちち)は毎朝(まいあさ)起(お)きると、新聞(しんぶん)を読(よ)みます。 습관
- お金(かね)を入(い)れてボタンを押(お)すと、切符(きっぷ)が出(で)てきます。 필연적 결과
- 水(みず)がないと困(こま)ります。 당연한 흐름

2 특수한 용법

- ドアを開(あ)けると、新聞(しんぶん)が落(お)ちていました。 발견(~했더니, ~하자)

주의

「と」를 사용한 문장 뒤에는 '의지, 명령, 의뢰, 금지, 충고, 권유, 희망 등'의 표현은 올 수 없다.

예 コンビニへ行(い)くと、ジュースを買(か)ってきてください。(行(い)くと× → 行(い)ったら○)
仕事(しごと)が終(お)わると、買(か)い物(もの)に行(い)きたいです。(終(お)わると× → 終(お)わったら○)
映画(えいが)を見(み)るひまがあると、勉強(べんきょう)しなさい。(あると× → あったら○)

MEMO

3 ば

가정(만약 ~하면)의 의미를 나타내는 경우가 가장 대표적인 사용 예이다.
자연법칙과 같은 당연한 일에 사용하기도 한다.

01 접속

동사	え단＋ば	みる	→	みれば
い형용사	어간＋ければ	さむい	→	さむければ
な형용사	어간＋なら(ば)	ひまだ	→	ひまなら(ば)
명사	명사＋なら(ば)	学生(がくせい)	→	学生(がくせい)なら(ば)

02 예문

- あなたが行(い)けば私(わたし)も行(い)きます。 어떤 조건이 명확히 성립되어 있지 않을 때
- ＝ あなたが行(い)けば私(わたし)も行(い)きますが、あなたが行(い)かなければ私(わたし)も行(い)きません。
- 天気(てんき)がよければ買(か)い物(もの)に行(い)きます。もし雨(あめ)が降(ふ)れば出(で)かけません。
- 60点以上(てんいじょう)なら合格(ごうかく)、それ以外(いがい)は不合格(ふごうかく)です。
- お金(かね)があれば、何(なん)でも買(か)えるだろう。

MEMO

4 たら

「と・ば・たら・なら」중에서 가장 폭넓게 사용하는 표현이다. 문장체보다는 회화체 느낌이 강한 것이 특징이라고 할 수 있다. 「たら」는 앞문장에 동작이 이루어지는 것을 조건으로, 자신의 의지나 요구를 나타낼 때 사용한다.

01 접속

동사	た형+ら	みる	→	みたら
い형용사	어간+かったら	さむい	→	さむかったら
な형용사	어간+だったら	ひまだ	→	ひまだったら
명사	명사+だったら	学生(がくせい)	→	学生(がくせい)だったら

02 의미

1 가정

- 夏休(なつやす)みになったら海(うみ)へ行(い)こうと思(おも)います。
- もし明日(あした)雨(あめ)が降(ふ)ったら、どうしますか。

2 의뢰, 부탁

- ひまだったら、遊(あそ)びに来(き)てください。
- その本(ほん)、読(よ)み終(お)わったら早(はや)く返(かえ)してください。

3 특수한 용법 발견(~했더니, ~하자)

- 薬(くすり)を飲(の)んだらすぐに風邪(かぜ)がなおった。
- うちに帰(かえ)ったら、手紙(てがみ)が来(き)ていた。

MEMO

5 なら

01 접속

동사	사전형+なら	みる → みるなら
い형용사	사전형+なら	さむい → さむいなら
な형용사	어간+なら	ひまだ → ひまなら
명사	명사+なら	学生 → 学生なら

02 의미

1 가정

- あなたが言わないなら、わたしも言いません。(=ば)
- ひまなら、ちょっと手伝ってくれませんか。(=たら)
- その映画がおもしろいならいっしょに見ましょう。

2 조언, 권유

「なら」는 상대가 말한 것을 받아 그것을 조건으로 권유·조언할 때 사용한다.

- コーヒーを飲むなら、あの店がいいですよ。
- 日本料理を食べるなら、やはりすしですね。
- A 「来週、京都へ行きます。」
- B 「京都へ行くなら、お土産を買ってきてください。」

3 순서

뒷문장의 동작이 먼저 성립하는 경우에 사용한다.

- 旅行に行くなら、大きいかばんを買っておいたほうがいい。

시험에 잘 나오는 문형

1 발견의 용법 と나 たら를 써야 하는 경우

어떤 동작을 한 후에 새로운 일이 발생하거나 어떠한 일이 발생했을 때 사용한다. 과거의 사실에 대하여 사용한다.

• ドアを開けると、新聞が落ちていました。 발견
＝ドアを開けたら、新聞が落ちていました。

2 ～たら～ください

앞문장에 동작이 이루어지는 것을 조건으로, 자신의 의지나 요구를 나타낼 때는「たら」를 사용한다.

• お金を拾ったら、すぐ警察に届けてください。

• 地震が起こったら、すぐ火を消してください。

3 ～なら～ください

뒷문장의 동작이 먼저 성립할 때 사용한다. 앞문장에 오는 조건을 위해 뒷문장의 동작을 하도록 조언하거나 요구하는 경우에 사용한다.

• アメリカへ行くなら、英語を勉強してください。
(英語を勉強する → アメリカへ行く)

참고

앞문장의 동작이 먼저 성립할 때는「たら」를 사용한다.

• アメリカへ行ったら、英語を勉強しなさい。
(アメリカへ行く → 英語を勉強する)

4 ～なら～いい

「なら」는 상대방의 이야기를 근거로 말할 때 사용하는 경우가 많다. 그래서「なら」뒤에는 조언을 나타내는 문장이 자주 온다.

• 京都へ行くなら秋がいいですよ。 조언

• 飲み物を買いに行くなら、オレンジジュースがいい。 조언

PART 7 연습문제 ⑲

問題 つぎの文の（　　）に入れるのに最もよいものを１・２・３・４から一つえらびなさい。

1　商品(しょうひん)の使い方が（　　　）いつでも聞いてください。

1 分からず　　2 分からなくて　　3 分からないと　　4 分からなかったら

2　秋に（　　　）と木(こ)の葉(は)の色が変わります。

1 なる　　2 なり　　3 なろう　　4 なれ

3　もしあなたが泳ぎに（　　　）なら、私もいっしょに行きます。

1 行く　　2 行き　　3 行け　　4 行って

4　東京に（　　　）、すぐ電話をしてください。

1 着けば　　2 着くなら　　3 着くと　　4 着いたら

5　もっと勉強を（　　　）、大学に入(はい)れないよ。

1 しないと　　2 しないのに　　3 しなくて　　4 しないで

6　雨はもうすぐやみそうですね。晴れて（　　　）、ドライブに出かけましょう。

1 きても　　2 こなくて　　3 きたら　　4 こないで

7　今日の５時にここに（　　　）、鈴木(すずき)先生に会えますよ。

1 こない　　2 きた　　3 こよう　　4 くれば

8　昨日、駅前の本屋に（　　　）、偶然(ぐうぜん)、高校時代の友達に会った。

1 行けば　　2 行くなら　　3 行こうと　　4 行ったら

9　A「パソコンを買いたいんですが、どこがいいですか。」
　B「パソコンを（　　　）、郵便局のとなりにある店が安くていいですよ。」

1 買うと　　2 買うなら　　3 買えば　　4 買ったら

10　（　　　）、やはり水のきれいな海の方(ほう)へ行きたいです。

1 旅行したら　　2 旅行すると　　3 旅行すれば　　4 旅行するなら

PART 7 연습문제 ⑳

問題 つぎの文の（　　）に入れるのに最もよいものを１・２・３・４から一つえらびなさい。

1　難しくても毎日練習を（　　　）上手になりますよ。

1 した　　2 したり　　3 しない　　4 すれば

2　今度の土曜日、ひま（　　　）映画に行きませんか。

1 から　　2 とき　　3 なら　　4 には

3　外国語は勉強しても、（　　　）忘れてしまいます。

1 話さずに　　2 話してみても　　3 話そうとすると　　4 話さなければ

4　食事が（　　　）、お皿(さら)を洗ってください。

1 終わると　　2 終われば　　3 終わったら　　4 終わるなら

5　朝起きて外を（　　　）、雨が降っていました。

1 みて　　2 みると　　3 みてから　　4 みながら

6　もし（　　　）メールアドレスを教えてくださいませんか。

1 よいと　　2 よいのに　　3 よかったら　　4 よかったが

7　もし魚が（　　　）なら、残してもいいですよ。

1 きらい　　2 きらいだ　　3 きらいで　　4 きらいな

8　手伝(てつだ)いが（　　　）いつでも電話してください。

1 必要なだったら　　2 必要だったら　　3 必要たら　　4 必要かったら

9　この店は平日(へいじつ)はすいていますが、週末に（　　　）とてもこみます。

1 なるので　　2 なると　　3 ならない　　4 なっても

10　A 「ちょっとコンビニへ行ってきます。」

B 「うん、いってらっしゃい。あ、コンビニへ（　　　）、おにぎり、買ってきて。」

1 行ってみると　　2 行っていたら　　3 行くとすると　　4 行くんだったら

PART 7 연습문제 ㉑

問題 つぎの文の ＿★＿ に入るのに最もよいものを１・２・３・４から一つえらびなさい。

1　雨が降る ＿＿＿ ＿＿＿ ＿★＿ ＿＿＿ になります。

1 中止(ちゅうし)　2 試合(しあい)　3 と　4 は

2　このスイッチ ＿＿＿ ＿＿＿ ＿★＿ ＿＿＿ 電気がつきます。

1 部屋の　2 を　3 と　4 押す

3　もし ＿＿＿ ＿＿＿ ＿★＿ ＿＿＿ 質問してください。

1 授業の　2 先生に　3 分からなかったら　4 内容(ないよう)が

4　昨日のパーティーはとても楽しかったですよ。あなた ＿＿＿ ＿＿＿ ＿★＿ ＿＿＿ のに。

1 も　2 行けば　3 いっしょに　4 よかった

5　あなたが ＿＿＿ ＿＿＿ ＿★＿ ＿＿＿ 私たちはたいへん困ります。

1 しまう　2 今　3 やめて　4 と

6　旅行に行きたい ＿＿＿ ＿＿＿ ＿★＿ ＿＿＿ なかなか難しい。

1 が　2 忙しい　3 仕事が　4 と

7　テレビを ＿＿＿ ＿＿＿ ＿★＿ ＿＿＿ ほうが安くていいですよ。

1 より　2 買うなら　3 デパート　4 あの店の

8　スーパーへ ＿＿＿ ＿＿＿ ＿★＿ ＿＿＿ きてください。

1 行ったら　2 サンドイッチを　3 買って　4 ジュースと

9　フランス ＿＿＿ ＿＿＿ ＿★＿ ＿＿＿ たずねようと思っています。

1 に　2 有名な　3 行ったら　4 博物館(はくぶつかん)を

10　このお酒はおいしいですが、あまり ＿＿＿ ＿＿＿ ＿★＿ ＿＿＿ なりますよ。

1 いたく　2 飲むと　3 頭が　4 たくさん

해석보기

PART8

추측표현

MEMO

1 추측표현

01 ～そうだ ~할 것 같다, ~해 보인다 〈양태〉

어떠한 사물의 모양이나 상태를 보고 어떠한 상태로 될 것 같다는 화자의 느낌을 나타낸다. 주로 시각적인 정보에 근거를 둔 표현이다.

동사	い형용사	な형용사	명사
ます형＋そうだ	어간＋そうだ	어간＋そうだ	-
雨(あめ)が降(ふ)りそうだ	寒(さむ)そうだ	ひまそうだ	-

* 접속은 p.88을 참고

- 今(いま)にも雨(あめ)が降(ふ)り出(だ)しそうな天気(てんき)ですね。
- 棚(たな)の上(うえ)の物(もの)が落(お)ちそうだ。
- このケーキはおいしそうですね。
- 彼女(かのじょ)はいつも楽(たの)しそうに働(はたら)いている。
- 簡単(かんたん)そうな問題(もんだい)から始(はじ)めましょう。
- このいすはとても丈夫(じょうぶ)そうですね。

접속상의 주의점

a 동사의 경우, そうだ의 부정은「ます형+そうにない・そうもない・そうにもない」
・ふる →ふりそうにない・ふりそうもない・ふりそうにもない

b い형용사의 경우, そうだ의 부정은「어간+く+なさそうだ」「어간+そうではない」
・おいしい →おいしくなさそうだ・おいしそうではない

c な형용사의 경우, そうだ의 부정은「어간+では+なさそうだ」「어간+そうではない」
・ひまだ →ひまではなさそうだ・ひまそうではない

MEMO

02 ～そうだ ～라고 한다 〈전달/전문〉

다른 사람으로부터 듣거나 얻은 정보를 다른 사람에게 전달할 때 사용한다. 전해 들은 정보의 출처를 나타낼 때는 흔히「～によると」를 사용한다.

동사	い형용사	な형용사	명사
보통형＋そうだ	보통형＋そうだ	보통형＋そうだ	명사＋だ＋そうだ
雨が降るそうだ	寒いそうだ	ひまだそうだ	学生だそうだ

- 天気予報によると、あしたは雨が降るそうです。
- 友だちの話によると、あの映画はとてもおもしろいそうだ。
- 手紙によると、彼は元気だそうだ。
- やすこさんのお父さんは大学の先生だそうだ。

03 ～ようだ ～한 것 같다 〈추측〉

접속 동사·い형용사·な형용사의 명사수식형＋ようだ, 명사＋の＋ようだ

의미 화자의 경험이나 감각 등에 근거하여 추측하거나 판단하는 경우에 사용한다.

- 熱もあるし、せきも出る。どうも風邪をひいたようだ。
- 今日は昨日より暖かいようだ。
- 彼は最近ひまなようだ。
- あそこに立っているのは大木さんのようです。

참고

「～ようだ」의 부정은「～ない＋ようだ」의 형태로 사용한다.

동사 降る → 降らないようだ
い형용사 寒い → 寒くないようだ
な형용사 ひまだ → ひまではないようだ

MEMO

04 ～ようだ ~같다 〈비유/예시〉

주로「～ような(~같은)」나「～ように(~같이)」의 형태로 사용한다.

1 비유

- この景色はきれいで、まるで絵のようだ。
- まだ春なのに、今日は夏のように暑いです。
- このお菓子は小さな鳥のような形をしています。

2 예시

- コーヒーのような熱いものが飲みたいです。
- 東京のような大都市は生活費が高い。
- チョコレートのような甘いものはたくさん食べないほうがいいですよ。

05 ～らしい ~것 같다 〈추측/전달〉

접속 동사·い형용사·な형용사·명사의 보통형＋らしい
(단, な형용사와 명사의 경우, 현재형일 때는 だ를 붙이지 않는다)

의미 「～ようだ」를 사용한 문장은 자신의 판단에 의한 추측을 나타낸다. 반면, 「～らしい」를 사용한 문장은 외부로부터 듣거나 획득한 객관적인 근거를 토대로, 상당한 확신을 갖고 추측하는 표현이다.

1 추측

- ドアから音がする。だれか来たらしい。
- この店はおいしいらしい。客がたくさん入っている。

2 전달

- 木村さんは昨日アメリカへ行ったらしいです。
- A「林さんは元気がないようだけど。」
  B「テストの結果が悪くて、また先生に注意されたらしいよ。」

MEMO

06 ～らしい ～답다〈접미어〉

접속 명사+らしい

의미 명사에 붙는 접미어「～らしい」는 '적합하다'는 의미로 사용되며, '～답다'로 해석하면 된다.

男(おとこ)らしい	子(こ)どもらしい	若者(わかもの)らしい	学生(がくせい)らしい
春(はる)らしい	夏(なつ)らしい	秋(あき)らしい	

- 彼(かれ)はほんとうに男(おとこ)らしい人(ひと)だと思(おも)います。
- 今日(きょう)は夏(なつ)らしい暑(あつ)い一日(いちにち)だった。

07 ～だろう/～でしょう ～할 것이다, ～하겠지 / ～할 것입니다, ～하겠지요

접속 동사·い형용사·な형용사·명사의 보통형+だろう/でしょう
(단, な형용사와 명사의 경우, 현재형일 때는 だ를 붙이지 않는다)

의미 「～だろう/～でしょう」는 미래의 일이나 불확실한 내용에 대하여 사용한다. 「たぶん(아마)」, 「きっと(분명)」 등의 부사와 함께 사용되는 경우가 많다. 「～かもしれない」보다 가능성이 크다는 느낌을 준다. 「～でしょう」는 「～だろう」의 정중한 표현으로 접속법은 「～だろう」와 동일하다.

- この薬(くすり)を飲(の)めば、すぐ治(なお)るだろう。
- たぶん明日(あした)も寒(さむ)いだろう。
- この仕事(しごと)を一日(いちにち)でやるのは無理(むり)でしょう。

08 ～だろうと思(おも)う ～할 것이라고 생각한다

접속 동사·い형용사·な형용사·명사의 보통형+だろうと思う
(단, な형용사와 명사의 경우, 현재형일 때는 だ를 붙이지 않는다)

의미 「～だろう」에 「～と思う」를 붙이면, 그 추측이 말하는 사람의 개인적인 것이라는 것을 더욱 강조한다. 이때 「～だろう＋と＋思う」는 사용하지만, 「～でしょう＋と＋思う」는 사용할 수 없다.

- これで問題(もんだい)ないだろうと思(おも)います。
- 今度(こんど)の試験(しけん)はやさしいだろうと思(おも)います。

MEMO

09 ～かもしれない ～할지도 모른다 〈불확실한 가능성〉

접속 동사·い형용사·な형용사·명사의 보통형＋かもしれない
(단, な형용사와 명사의 경우, 현재형일 때는 だ를 붙이지 않는다)

의미 「～かもしれない」는 그럴 가능성이 있다는 단순한 추정(미루어 짐작함, 추측하여 판단함)의 의미를 나타낸다. 당연히 그렇지 않을 가능성이 있다는 의미도 포함하고 있다. 「～だろう」에 비해 가능성이 적은 경우에 사용된다.

- 明日(あした)は雨(あめ)が降(ふ)るかもしれません。
- 彼(かれ)はこの意見(いけん)に反対(はんたい)するかもしれない。
- 彼女(かのじょ)はこのことを知(し)らないかもしれない。

10 ～はずだ/～はずがない (틀림없이) ～할 것이다 / ～할 리가 없다

접속 동사·い형용사·な형용사의 명사수식형＋はずだ/はずがない
명사＋の＋はずだ/はずがない

의미 「～はず」는 어떤 근거를 가지고 추측하기 때문에 단정적인 느낌을 준다. 즉 확신에 가까운 추측으로, 「～だろう」보다도 훨씬 강한 어감을 나타낸다. 「～はずがない」는 부정적인 확신을 나타낸다.

1 ～はずだ (틀림없이) ～할 것이다

- 彼女(かのじょ)は2年(にねん)も料理(りょうり)を習(なら)っているから、料理(りょうり)がかなりできるはずだ。
- 山田(やまだ)さんはきょう出(で)かけると言(い)っていましたから、留守(るす)のはずです。

2 ～はずがない ～할 리가 없다

- やさしい木村(きむら)さんがこんなひどいことをするはずがない。
- 彼(かれ)は昨日(きのう)アメリカへ行(い)ったから、ここに来(く)るはずがない。

MEMO

11 ～みたいだ ～같다

접속 동사 · い형용사 · な형용사 · 명사의 보통형＋みたいだ
(단, な형용사와 명사의 경우, 현재형일 때는 だ를 붙이지 않는다)

의미 「～みたいだ」는 추측이나 비유를 나타내는 「～ようだ」의 회화체 표현으로, 주로 일상적이고 격식을 따지지 않는 회화에서 사용한다. 「だ」를 생략하고 쓰는 경우도 있다.

- ちょっと食(た)べすぎたみたいだ。
- 田中君(たなかくん)は今日(きょう)、元気(げんき)がないみたいだね。
- 最近(さいきん)の大学生(だいがくせい)は小学生(しょうがくせい)みたい。

추측 표현의 접속

실제 시험에서는 접속이 매우 중요하므로, 어떤 품사에 어떻게 연결되는지를 최우선적으로 학습해 두어야 한다.

- 추측의 「～そうだ, ～ようだ, ～らしい」의 접속

* 「～だろう, ～でしょう, ～かもしれない, ～みたいだ」의 접속은 「～らしい」와 같다.

❶ 현재 긍정

구분	～そうだ	～ようだ	～らしい
동사	降(ふ)りそうだ	降(ふ)るようだ	降(ふ)るらしい
い형용사	寒(さむ)そうだ	寒(さむ)いようだ	寒(さむ)いらしい
な형용사	ひまそうだ	ひまなようだ	ひまらしい
명사	–	学生(がくせい)のようだ	学生(がくせい)らしい

❷ 현재 부정

구분	～そうだ	～ようだ	～らしい
동사	降(ふ)りそうに(も)ない 降(ふ)りそうもない	降(ふ)らないようだ	降(ふ)らないらしい
い형용사	寒(さむ)くなさそうだ	寒(さむ)くないようだ	寒(さむ)くないらしい
な형용사	ひまではなさそうだ	ひまではないようだ	ひまではないらしい
명사	学生(がくせい)ではなさそうだ	学生(がくせい)ではないようだ	学生(がくせい)ではないらしい

❸ 과거 긍정

구분	～そうだ	～ようだ	～らしい
동사	–	誰(だれ)が来(き)たようだ	誰(だれ)が来(き)たらしい
い형용사	–	忙(いそが)しかったようだ	忙(いそが)しかったらしい
な형용사	–	ひまだったようだ	ひまだったらしい
명사	–	学生(がくせい)だったようだ	学生(がくせい)だったらしい

❹ 과거 부정

구분	～そうだ	～ようだ	～らしい
동사	–	誰(だれ)が来(こ)なかったようだ	誰(だれ)が来(こ)なかったらしい
い형용사	–	忙(いそが)しくなかったようだ	忙(いそが)しくなかったらしい
な형용사	–	ひまではなかったようだ	ひまではなかったらしい
명사	–	学生(がくせい)ではなかったようだ	学生(がくせい)ではなかったらしい

PART 8 연습문제 ㉒

問題 つぎの文の（　　）に入れるのに最もよいものを１・２・３・４から一つえらびなさい。

1 子どもはプレゼントをもらって（　　　）そうな顔をしています。

1 うれしい　　2 うれし　　3 うれしくて　　4 うれしく

2 玄関（げんかん）のベルが鳴（な）った。この時間にだれ（　　　）。

1 らしい　　2 ようだ　　3 みたい　　4 だろう

3 彼はパーティーに（　　　）だろうと思います。

1 来ない　　2 来なくて　　3 来よう　　4 来ます

4 昨日の夜、雨が降った（　　　）ですね。道がぬれています。

1 そう　　2 よう　　3 だろう　　4 みたいだ

5 彼女は誕生日のプレゼントをもらって子どもの（　　　）よろこんだ。

1 らしい　　2 そうに　　3 ように　　4 みたいな

6 明日は雨が（　　　）らしいです。

1 ふる　　2 ふり　　3 ふって　　4 ふろう

7 もう私より息子の方が、背（せ）が（　　　）かもしれませんね。

1 高い　　2 高そう　　3 高くて　　4 高いそう

8 A「あれ。図書館、閉（し）まっていますね。」
B「休みは明日だから、今日は開いている（　　　）ですけど。」

1 ため　　2 ばかり　　3 はず　　4 つもり

9 父の話によると、昨日近所で火事が（　　　）そうです。

1 あり　　2 ある　　3 あった　　4 あって

10 今日は暖かくて、ほんとうに春（　　　）日でしたね。

1 ような　　2 とおり　　3 らしい　　4 そうな

PART 8 연습문제 ㉓

問題 つぎの文の（　　）に入れるのに最もよいものを１・２・３・４から一つえらびなさい。

1　山田(やまだ)君は、たぶん試験に（　　　）だろう。

1 合格(ごうかく)して　　2 合格(ごうかく)する　　3 合格(ごうかく)すると　　4 合格(ごうかく)しよう

2　明日は雨らしいです。運動会は（　　　）かもしれませんね。

1 だめだ　　2 だめな　　3 だめの　　4 だめ

3　今のわたしの給料(きゅうりょう)では、何年働(はたら)いても自分の家は（　　　）そうもない。

1 買い　　2 買う　　3 買え　　4 買える

4　二人はまるでほんとうの兄弟（　　　）。

1 ようだ　　2 なようだ　　3 のようだ　　4 そうだ

5　村山(むらやま)さんが来月結婚（　　　）らしいですね。

1 する　　2 して　　3 した　　4 している

6　昨日連絡したので、田中(たなか)さんも知っている（　　　）です。

1 ばかり　　2 はず　　3 つもり　　4 ため

7　鈴木(すずき)さんは用事があるので今日は（　　　）そうです。

1 やすみ　　2 やすむ　　3 やすんで　　4 やすみます

8　鳥(とり)（　　　）自由に空を飛びたいと思ったことはありませんか。

1 みたいに　　2 ように　　3 みたいな　　4 そうに

9　この街(まち)は夜でも昼間の（　　　）あかるいですね。

1 より　　2 ような　　3 ように　　4 ようだ

10　A「あっ、上着のボタンが（　　　）そうですよ。」
B「気がつきませんでした。ありがとうございます。」

1 とれる　　2 とれ　　3 とれた　　4 とれるだろう

PART 8 연습문제 ㉔

問題 つぎの文の ＿★＿ に入るのに最もよいものを１・２・３・４から一つえらびなさい。

1 彼女はテストの点(てん)が ＿＿ ＿＿ ＿★＿ ＿＿ みたいだ。

1 ショック　2 を　3 悪くて　4 受けた

2 彼女はまだ来ない。 ＿＿ ＿＿ ＿★＿ ＿＿ かもしれない。

1 乗った　2 の　3 間違った　4 バスに

3 はなこさんは春 ＿＿ ＿＿ ＿★＿ ＿＿ らしい。

1 行く　2 から　3 大学に　4 東京の

4 今度の試験 ＿＿ ＿＿ ＿★＿ ＿＿ だろう。

1 難しく　2 は　3 そんなに　4 ない

5 A「今日はこれくらいにしておきましょう。片(かた)づけは明日ということで。」
B「あしたは朝から ＿＿ ＿＿ ＿★＿ ＿＿ しまいましょう。」

1 今日中に　2 忙しくなり　3 やって　4 そうですし

6 田中(たなか)さんは、今日のパーティーに出席すると言って ＿＿ ＿＿ ＿★＿ ＿＿ はずです。

1 来る　2 そろそろ　3 いました　4 から

7 交通事故でけがをした中山(なかやま)さんは、 ＿＿ ＿＿ ＿★＿ ＿＿ です。

1 もう　2 そう　3 なった　4 元気に

8 彼は何でも ＿＿ ＿＿ ＿★＿ ＿＿ ので、見ていて気持ちがいいです。

1 食べて　2 そうに　3 くれる　4 おいし

9 むすこは ＿＿ ＿＿ ＿★＿ ＿＿ ように寝ている。

1 死んだ　2 のか　3 つかれて　4 いる

10 あの遊園地(ゆうえんち)には ＿＿ ＿＿ ＿★＿ ＿＿ から、行ってみましょう。

1 おもしろい　2 そうです　3 ある　4 乗り物が

해석보기

PART9

수동과 사역

MEMO

1 수동형과 사역형 만들기

01 동사의 활용표 – 수동

1그룹 동사	呼(よ)ぶ	呼(よ)ばれる 불리다
	歌(うた)う	歌(うた)われる 노래 불리다
	聞(き)く	聞(き)かれる 질문 받다
	押(お)す	押(お)される 밀리다
	読(よ)む	読(よ)まれる 읽혀지다
	踏(ふ)む	踏(ふ)まれる 밟히다
	作(つく)る	作(つく)られる 만들어지다
	しかる	しかられる 꾸중 듣다, 혼나다
2그룹 동사	見(み)~~る~~	見(み)られる 보여지다, 들키다
	ほめ~~る~~	ほめられる 칭찬 받다
	建(た)て~~る~~	建(た)てられる 지어지다, 건설되다
	決(き)め~~る~~	決(き)められる 결정되다
3그룹 동사	来(く)る	来(こ)られる 오게 되다
	する	される 당하다, 받다

02 수동형 만들기

1 1그룹동사 : 어미 う단을 あ단으로 바꾸고 れる를 붙인다.

2 2그룹동사 : る를 지우고 られる를 붙인다.

3 3그룹동사 : 「くる → こられる / する → される」의 형태로 기억한다.

* 주의: 2·3그룹 동사는 가능형과 수동형의 형태가 같으므로 문맥상으로 구별해야 한다.

MEMO

03 동사의 활용표 – 사역

1그룹 동사	歌(うた)う	歌(うた)わせる 노래시키다
	書(か)く	書(か)かせる 쓰게 하다
	行(い)く	行(い)かせる 가게 하다, 보내다
	聞(き)く	聞(き)かせる 듣게 하다, 들려주다
	飲(の)む	飲(の)ませる 마시게 하다
	待(ま)つ	待(ま)たせる 기다리게 하다
	作(つく)る	作(つく)らせる 만들게 하다
	帰(かえ)る	帰(かえ)らせる 돌아가게 하다
2그룹 동사	やめ~~る~~	やめさせる 그만두게 하다
	見(み)~~る~~	見(み)させる 보게 하다
	食(た)べ~~る~~	食(た)べさせる 먹게 하다, 먹이다
	決(き)め~~る~~	決(き)めさせる 결정하게 하다
3그룹 동사	来(く)る	来(こ)させる 오게 하다
	する	させる 시키다, 하게 만들다

04 사역형 만들기

1 1그룹동사 : 어미 う단을 あ단으로 바꾸고 せる를 붙인다.

2 2그룹동사 : る를 지우고 させる를 붙인다.

3 3그룹동사 : 「くる → こさせる / する → させる」의 형태로 기억한다.

MEMO

2 수동

수동이란, 다른 외부요소에 의해서 동작이나 작용을 받게 되는 경우를 말하며, 동작이나 작용을 받는 쪽이 주어가 된다. 우리말로는 주로 '~되다, ~받다'로 해석된다.

01 사람 주어: 사람과 사람 사이의 수동

- 田中(たなか)さんが中野(なかの)さんを呼(よ)んだ。 보통문장

  → 中野(なかの)さんは田中(たなか)さんに呼(よ)ばれた。 수동문장

- 先生(せんせい)が林(はやし)さんをほめた。 보통문장

  → 林(はやし)さんは先生(せんせい)にほめられた。 수동문장

02 사람 주어: 동작을 받는 대상을 가진 수동

- どろぼうは私(わたし)の財布(さいふ)を盗(ぬす)んだ。 보통문장

  → 私(わたし)はどろぼうに財布(さいふ)を盗(ぬす)まれた。 수동문장

- 犬(いぬ)が田中(たなか)さんの手(て)をかんだ。 보통문장

  → 田中(たなか)さんは犬(いぬ)に手(て)をかまれた。 수동문장

03 무생물 주어: 무생물의 수동 〈일반적인 사실을 표현〉

- 明日(あした)の午後(ごご)3時(さんじ)に会議(かいぎ)を行(おこな)います。 보통문장

  → 明日(あした)の午後(ごご)3時(さんじ)に会議(かいぎ)が行(おこな)われます。 수동문장

- このお酒(さけ)は米(こめ)から作(つく)りました。 보통문장

  → このお酒(さけ)は米(こめ)から作(つく)られました。 수동문장

MEMO

3 강조피해수동

수동문장 중에서 동작을 받는 사람에게 피해가 미치는 경우를 '강조피해수동'이라고 한다. 주로 자동사를 사용한 수동표현이다. 우리말로 해석할 때는 직역하면 어색하므로 능동으로 해석하는 것이 좋다.

- 子(こ)どもが泣(な)いて、私(わたし)は寝(ね)られなかった。 보통문장

  → 子(こ)どもに泣(な)かれて、私(わたし)は寝(ね)られなかった。 강조피해수동

- 家(いえ)へ帰(かえ)る途中(とちゅう)、雨(あめ)が降(ふ)った。私(わたし)は困(こま)った。 보통문장

  → 家(いえ)へ帰(かえ)る途中(とちゅう)、私(わたし)は雨(あめ)に降(ふ)られた。 강조피해수동

- ゆうべは友(とも)だちが来(き)て、テストの勉強(べんきょう)ができなかった。 보통문장

  → ゆうべは友(とも)だちに来(こ)られて、テストの勉強(べんきょう)ができなかった。 강조피해수동

4 사역

어떠한 동작이나 행위를 지시하거나 허락할 때 사용하는 표현을 '사역'이라고 한다. 우리말로는 주로 '~시키다, ~하게 하다'로 해석된다.

- けんかをして、弟(おとうと)を泣(な)かせてしまいました。
- 先生(せんせい)は生徒(せいと)たちに本(ほん)を読(よ)ませた。
- お母(かあ)さんは子(こ)どもを公園(こうえん)で遊(あそ)ばせた。

MEMO

- お母(かあ)さんは子(こ)どもに野菜(やさい)を食(た)べさせました。
- 部長(ぶちょう)は田中(たなか)さんにコピーをさせた。

5 사역수동

01 동사의 활용표 – 사역수동

동사의 종류	사전형	사역형	사역수동	사역수동의 축약
1그룹 동사	書(か)く	書(か)かせる	書(か)かせられる	書(か)かされる
	飲(の)む	飲(の)ませる	飲(の)ませられる	飲(の)まされる
	待(ま)つ	待(ま)たせる	待(ま)たせられる	待(ま)たされる
2그룹 동사	やめ~~る~~	やめさせる	やめさせられる	–
	見(み)~~る~~	見(み)させる	見(み)させられる	–
	食(た)べ~~る~~	食(た)べさせる	食(た)べさせられる	–
3그룹 동사	来(く)る	来(こ)させる	来(こ)させられる	–
	する	させる	させられる	–

02 사역수동 만들기

1 1그룹동사 : 어미 う단을 あ단으로 바꾸고 せられる를 붙인다.

2 2그룹동사 : る를 지우고 させられる를 붙인다.

3 3그룹동사 : 「くる → こさせられる/する → させられる」의 형태로 기억한다.

* 1그룹동사의 축약 : 1그룹동사의 경우 「あ단+される」로 축약이 가능하다.

MEMO

03 의미

사역수동은 사역에 수동을 추가한 것으로 상대방의 의지에 의하여 그러한 행동을 하는 경우를 나타낸다. 「~(さ)せられる」는 '억지로 ~하다, 무리하게 ~하다'로 해석한다.

野菜(やさい)を食(た)べる。 [보통문장]
채소를 먹다. (자신이 먹다.)

野菜(やさい)を食べさせる。 [사역문장]
채소를 먹게 하다. (남에게 채소를 먹이다)

野菜(やさい)を食べさせられる。 [사역수동문장]
할 수 없이 채소를 먹다. (자신이 먹지만 억지로 먹다.)

- ゆうべ、私(わたし)は、友(とも)だちに1時間(いちじかん)(も)待(ま)たされた。
- 子(こ)どもの時(とき)、母(はは)に嫌(きら)いな野菜(やさい)を食(た)べさせられた。
- 私(わたし)は母(はは)に部屋(へや)のそうじをさせられました。

6 ~させてください

접속 사역동사의 て형+ください

의미 사역형을 응용한 표현 중의 하나이다. 정중하게 허가나 승낙을 요구할 때 사용하며, '~시켜 주세요, ~하게 해 주세요'의 의미를 나타낸다.

- 明日(あした)はアルバイトを休(やす)ませてください。
- このパソコンを使(つか)わせてください。
- 体(からだ)の調子(ちょうし)が悪(わる)いので、少(すこ)し早(はや)めに帰(かえ)らせてください。
- その仕事(しごと)は私(わたし)にさせてください。

問題 つぎの文の（　　）に入れるのに最もよいものを１・２・３・４から一つえらびなさい。

1　私の町では毎年７月最後の日曜日に花火(はなび)大会が（　　　）。
　1 行います　2 行っています　3 行わせます　4 行われます

2　留学は、お子さんにいい経験になると思うから、（　　　）あげたらどうですか。
　1 行って　2 行けて　3 行かせて　4 行かされて

3　私は人に何か（　　　）、いやだと言えないんです。
　1 たのむと　2 たのまれると　3 たのませると　4 たのんで

4　私は、きのう夜の11時に友だち（　　　）来られて、困ってしまった。
　1 に　2 を　3 は　4 が

5　すぐ返事ができないので、少し（　　　）ください。
　1 考えさせて　2 考えさせられて　3 考えたがって　4 考えされて

6　今日は会社の帰りに雨に（　　　）、大変でした。
　1 ふり　2 ふって　3 ふられて　4 ふらせて

7　子どものとき、私はそうじがきらいでしたが、よく母に家のそうじを（　　　）。
　1 しました　2 できました
　3 させになりました　4 させられました

8　お客さんを長く（　　　）いけません。
　1 待たせては　2 待っては　3 待たれては　4 待ってあげては

9　計画では駅の前に高いビルが（　　　）ことになっています。
　1 建てる　2 建てられる　3 建てさせる　4 建てよう

10　両親(りょうしん)に結婚を反対（　　　）、私はこまっています。
　1 して　2 しても　3 されて　4 されても

연습문제 26

問題 つぎの文の（　　）に入れるのに最もよいものを１・２・３・４から一つえらびなさい。

1　子どもにお酒を（　　　）はいけません。

1 飲ませて　2 飲まれて　3 飲んで　4 飲むこと

2　宿題がたくさんあるのに、母に買い物に（　　　）。

1 いってみた　2 いかせた　3 いかされた　4 いった

3　この市場(いちば)には、近くの畑(はたけ)から新鮮な野菜がたくさん（　　　）。

1 運ばれてきます　2 運ばれていきます　3 運んできます　4 運んでいきます

4　私は会議におくれて（　　　）しまいました。

1 注意して　2 注意になって　3 注意させて　4 注意されて

5　わたしはせんぱいに宿題を（　　　）ました。

1 し　2 され　3 させれ　4 させられ

6　道を歩いていたとき、私は友だち（　　　）名前を呼ばれました。

1 が　2 で　3 に　4 を

7　母が入院したので、アルバイトを（　　　）ください。

1 休めさせて　2 休むさせて　3 休まされて　4 休ませて

8　実家が八百屋(やおや)だったので、私は休みの日も親に店の掃除などを（　　　）ことが多く、友達とあまり遊べなかった。

1 手伝える　2 手伝われる　3 手伝わせる　4 手伝わされる

9　大事にしていたお酒を友だちに（　　　）しまいました。

1 飲む　2 飲んで　3 飲まれて　4 飲んだ

10　店員　「はい、サトミ美容院(びよういん)です。」

高橋(たかはし)　「あのう、２時に予約している高橋です。すみませんが、急に用事が入ってしまったので、今日の予約をキャンセル（　　　）。

店員　「はい、わかりました。ご連絡ありがとうございました。」

1 したくありませんか　2 させてください

3 したいんでしょうか　4 しないでほしいんですが

연습문제 ㉗

問題 つぎの文の ＿★＿ に入るのに最もよいものを１・２・３・４から一つえらびなさい。

1　私は弟 ＿＿ ＿＿ ＿★＿ ＿＿ しまいました。

1 に　　2 こわされて　　3 を　　4 カメラ

2　甘いものを ＿＿ ＿＿ ＿★＿ ＿＿ しかられました。

1 医者　　2 に　　3 食べ　　4 すぎて

3　計画ではこの場所(ばしょ)に ＿＿ ＿＿ ＿★＿ ＿＿ います。

1 橋(はし)が　　2 なって　　3 ことに　　4 つくられる

4　この ＿＿ ＿＿ ＿★＿ ＿＿ は何年前ですか。

1 お寺　　2 建てられた　　3 の　　4 が

5　私は母に ＿＿ ＿＿ ＿★＿ ＿＿ います。

1 入院　　2 こまって　　3 とても　　4 されて

6　娘(むすめ)がピアノを ＿＿ ＿＿ ＿★＿ ＿＿ んです。

1 言っているから　　2 思ってる　　3 習いたいと　　4 習わせようかと

7　子どもにスマートフォンを持たせて ＿＿ ＿＿ ＿★＿ ＿＿ です。

1 遊ばせる　　2 一人で　　3 よくない　　4 のは

8　彼は成績(せいせき)が ＿＿ ＿＿ ＿★＿ ＿＿ そうだ。

1 させられた　　2 退学(たいがく)　　3 ので　　4 悪かった

9　子どもを一人で ＿＿ ＿＿ ＿★＿ ＿＿ 危ないですよ。

1 行かせる　　2 遠く　　3 のは　　4 へ

10　先生は学生 ＿＿ ＿＿ ＿★＿ ＿＿、漢字の練習をさせる。

1 を　　2 読ませて　　3 本　　4 に

해석보기

PART10

경어

MEMO

1 경어

경어란, 상대방에게 경의를 나타내는 표현을 말한다. 경어는 회사의 상사, 고객 등에게 사용하며 친한 사이에서는 잘 사용하지 않는다.

01 존경어: 상대방이나 제3자를 높여서 경의를 나타내는 표현

- 先生(せんせい)はすぐにお戻(もど)りになりますか。
- どうぞ、お使(つか)いください。

02 겸양어: 자신이나 자기 쪽을 낮추는 표현

- ここでお待(ま)ちします。
- 明日(あした)またまいります。

03 정중어: 정중하고 조심스럽게 말하여, 상대방에 대해 경의를 나타내는 표현

1 「お+명사」「ご+한자어」

- お皿(さら)　お手紙(てがみ)　お弁当(べんとう)　お酒(さけ)　お茶(ちゃ)
- ご本(ほん)　ご案内(あんない)　ご説明(せつめい)

2 ～です ~입니다

- 明日(あした)は休(やす)みです。
- 今日(きょう)は暖(あたた)かいです。

MEMO

3 ～ます ~합니다

- 毎朝７時に起きます。
- 本を読んでいます。

4 ござる 있다

- こちらにございます。
- お忘れ物はございませんか。

2 일반적인 경어 (존경)

존경은 상대방이나 제3자를 높여서 경의를 나타내는 표현으로, 「お＋ます형＋になる」의 형태가 가장 기본적이다.

01 「お＋ます형＋になる」「ご＋한자어＋になる」

~하시다

- 今日の新聞をお読みになりましたか。
  (読む → お読みになる)
- お客様はもうお帰りになりました。
  (帰る → お帰りになる)
- 先生は明日の会議にご出席になりますか。
  (出席する → ご出席になる)
- 部長が計画の問題点をご指摘になりました。
  (指摘する → ご指摘になる)

MEMO

02 ～れる/られる ～하시다

- 先生は来週アメリカに行かれます。(行く → 行かれる)
- お父さんはいつ帰られますか。(帰る → 帰られる)
- これについてどう思われますか。(思う → 思われる)
- 先生は毎日散歩をされます。(する → される)

참고

～れる/られる를 사용한 경어 만들기

a　1그룹동사 : あ단+れる

・書く → 書かれる　　・読む → 読まれる

b　2그룹동사 : ~~る~~ → られる

・答える → 答えられる　　・決める → 決められる

c　3그룹동사

・くる → こられる　　・する → される

* ～れる/られる에는 '수동, 가능, 존경'의 용법이 있으므로 문맥 안에서 구별하도록 한다.

03 「お＋ます형＋ください」「ご＋한자어＋ください」 ～해 주세요

- そちらで少々お待ちください。
- どうぞこちらにお座りください。
- お車のことなら何でもご相談ください。
- カードの記入には、ボールペンをご使用ください。

MEMO

3 일반적인 경어 (겸양)

겸양이란, 자신이나 자기 쪽을 낮추는 겸손한 표현을 말한다. 이때 자기 쪽이란 자신의 가족, 자신의 회사 사람, 자신이 소속된 그룹의 사람 등을 말한다.

01 「お＋ます형＋する」「ご＋한자어＋する」 ~하다

- よろしくお願(ねが)いします。
- 先生(せんせい)にお聞(き)きしたいことがあります。
- 入学試験(にゅうがくしけん)についてご説明(せつめい)します。
- サービスの利用方法(りようほうほう)をご案内(あんない)します。

02 「お＋ます형＋いたす」「ご＋한자어＋いたす」 ~하다, ~(해) 드리다

- この荷物(にもつ)は私(わたし)がお持(も)ちいたします。
- この本(ほん)は金曜日(きんようび)までにお返(かえ)しいたします。
- みなさんに鈴木一郎先生(すずきいちろうせんせい)をご紹介(しょうかい)いたします。
- お食事(しょくじ)はこちらでご用意(ようい)いたします。

참고

다음 두 문장을 비교하면 「お＋ます형＋いたす」 쪽이 좀 더 겸손한 표현이다.

예 ここでお待(ま)ちします。(お＋ます형＋する)
여기서 기다리겠습니다.
ここでお待(ま)ちいたします。(お＋ます형＋いたす)
여기서 기다리겠습니다. 〈더 정중한 표현〉

MEMO

03 ～(さ)せていただく ~하다

「～せていただく(1그룹동사에 사용)」「～させていただく(2그룹동사에 사용)」는 자신이 무언가 하고 싶을 때, 상대방의 허락을 받아 그러한 동작을 하겠다는 의미를 겸손하게 나타내는 표현이다. 허락을 받을 필요가 없거나 허락을 받을 상대가 없을 때는 사용하지 않는 것이 좋다.

- お先(さき)に帰(かえ)らせていただきます。
- では、一曲歌(いっきょくうた)わせていただきます。
- いつでも手伝(てつだ)わせていただきます。
- 図書館(としょかん)の利用方法(りようほうほう)について説明(せつめい)させていただきます。

4 특별한 경어

다음의 동사들은 기본적으로 앞에서 제시한 공식으로 경어를 만들지 않고 그 자체로 사용하므로 외워 두어야 한다.

01 존경을 나타내는 경어동사

보통	존경
行(い)く 가다	いらっしゃる・おいでになる 가시다, 오시다, 계시다
来(く)る 오다	
いる 있다	
する 하다	なさる 하시다
言(い)う 말하다	おっしゃる 말씀하시다
食(た)べる 먹다	めしあがる 드시다

MEMO

見る 보다 読む 읽다	ご覧になる 보시다, 읽으시다
知っている 알고 있다	ご存じだ 알고 계시다

- 明日の午後は、会社においでになりますか。
  (いる → おいでになる)
- 来週、会議があることをご存じですか。
  (知っている → ご存じだ)
- 明日のパーティーに山本さんもいらっしゃいますか。
  (行く → いらっしゃる)
- 先生は何とおっしゃいましたか。(言う → おっしゃる)
- この雑誌はもうご覧になりましたか。
- (見る・読む → ご覧になる)
- 先生は何をめしあがりますか。(食べる → めしあがる)

02 겸양을 나타내는 경어동사

보통	겸양
行く 가다 来る 오다	まいる・うかがう 가다, 오다
いる 있다	おる 있다
する 하다	いたす 하다
言う 말하다	もうす 말하다
食べる 먹다 飲む 마시다	いただく 먹다, 마시다
見る 보다 読む 읽다	拝見する 보다, 읽다

MEMO

知(し)っている 알고 있다	存(ぞん)じている 알고 있다
会(あ)う 만나다	お目(め)にかかる 뵙다
聞(き)く 묻다	うかがう 여쭙다, 찾아뵙다
訪(たず)ねる 방문하다	

- 明日(あした)またまいります。(来(く)る → まいる)
- あなたの返事(へんじ)をお待(ま)ちしております。(いる → おる)
- 先生(せんせい)、ちょっとうかがいたいことがありますが。
(聞(き)く → うかがう)
- 私(わたし)は田中(たなか)と申(もう)します。(言(い)う → 申(もう)す)
- このお写真(しゃしん)、ちょっと拝見(はいけん)してもよろしいんですか。
(見(み)る・読(よ)む → 拝見(はいけん)する)
- パーティーで社長(しゃちょう)の奥様(おくさま)にお目(め)にかかりました。
(会(あ)う → お目(め)にかかる)

연습문제 ㉘

問題 つぎの文の（　　）に入れるのに最もよいものを１・２・３・４から一つえらびなさい。

1　「中山(なかやま)と申しますが、木村(きむら)先生、（　　　）。」

1 ございますか　2 おりますか　3 いらっしゃいますか　4 いいますか

2　森田(もりた)先輩、論文のことでお（　　　）したいことがあるんですが。

1 たずね　2 たずねる　3 たずねて　4 たずねよう

3　A「山田(やまだ)先生、進学(しんがく)のことで相談したいことがあるのですが、何時までお部屋にいらっしゃいますか。」
B「今日は４時まで（　　　）。」

1 いらっしゃいます　2 まいります　3 います　4 おいでになります

4　田中(たなか)さんは何をお飲みに（　　　）か。

1 います　2 します　3 あります　4 なります

5　今からパーティーが始まります。みなさん、どうぞ最後まで（　　　）ください。

1 お楽しみ　2 お楽しんで　3 楽しみになり　4 楽しみなさり

6　どうぞ遠慮(えんりょ)なくお（　　　）ください。

1 使われて　2 使い　3 使わせて　4 使って

7　それについては、私の方からご説明（　　　）。

1 です　2 います　3 します　4 なります

8　A「この辞書(じしょ)を使わせてくださいませんか。」/ B「はい、（　　　）。」

1 使ってくださいません　2 使ってくださいます
3 お使いください　4 使わせてください

9　（レストランで）
高木(たかぎ)「６時に予約をお願いした高木ですが。」
店員「高木様ですね。お席にご案内（　　　）。どうぞこちらへ。」

1 いたします　2 なさいます　3 くださいます　4 いただきます

10　客「あのう、この黄色(きいろ)いのは何のアイスクリームですか。」
店員「パイナップルのアイスクリーム（　　　）。」

1 がございます　2 でございます　3 はございます　4 もございます

PART 10 연습문제 ㉙

問題 つぎの文の（　　）に入れるのに最もよいものを１・２・３・４から一つえらびなさい。

1 A「先生、お荷物(にもつ)を（　　　）。」
B「ありがとう。じゃあ、よろしく。」
1 持ちますか　**2** 持たされますか　**3** お持ちしましょうか　**4** お持ちになりますか

2 社長はいま電話に出て（　　　）ので、しばらくお待ちください。
1 おります　**2** なさいます　**3** されます　**4** いたします

3 （食堂で）客　「ランチセット、お願いします。」
店員「Ａセットとβセット、どちらに（　　　）。」
1 おりますか　**2** なさいますか　**3** させられますか　**4** いただきますか

4 客　「子供服売り場はどこですか？」
店員「６階に（　　　）。」
1 おります　**2** おありです　**3** いらっしゃいます　**4** ございます

5 （案内文で）「みなさんは、創立(そうりつ)記念パーティーが５月に開かれることを（　　　）。」
1 なさいますか　**2** ご存じですか　**3** 拝見(はいけん)しますか　**4** お目にかかりますか

6 木下(きのした)先生は何時に（　　　）。
1 帰りしましたか　**2** 帰られましたか　**3** お帰りしましたか　**4** 帰りになられましたか

7 この辞書(じしょ)はわたしが先生に（　　　）。
1 お返します　**2** お返しします　**3** お返しされます　**4** お返しになります

8 何か意見がある方(かた)は（　　　）ください。
1 おっしゃり　**2** おっしゃりて　**3** おっしゃって　**4** おっしゃい

9 （メールで）
山口(やまぐち)さん、コーヒーカップのプレゼントをありがとうございました。大切に（　　　）。
1 お使いください　**2** 使ってくださいます
3 使わせていただきます　**4** 使われております

10 木村(きむら)さんが書いた絵を（　　　）か。
1 おみえしました　**2** ごらんいたしました　**3** おみになりました　**4** ごらんになりました

PART 10 연습문제 30

問題 つぎの文の ＿★＿ に入るのに最もよいものを１・２・３・４から一つえらびなさい。

1 建物の前に ＿＿＿ ＿＿＿ ＿★＿ ＿＿＿ いたします。

1 車を　2 とめない　3 ように　4 お願い

2 ５階にいらっしゃる ＿＿＿ ＿＿＿ ＿★＿ ＿＿＿ ください。

1 ご利用　2 エレベーターを　3 こちらの　4 方は

3 水野(みずの)さん、中村(なかむら)先生がお書き ＿＿＿ ＿＿＿ ＿★＿ ＿＿＿ なりましたか。

1 なった　2 本を　3 ご覧(らん)に　4 に

4 荷物(にもつ)は私が ＿＿＿ ＿＿＿ ＿★＿ ＿＿＿ いたします。

1 お　2 明日の　3 とどけ　4 午後

5 ちょっとお聞き ＿＿＿ ＿＿＿ ＿★＿ ＿＿＿ が、この辺に本屋はありませんか。

1 こと　2 したい　3 が　4 あります

6 （受付(うけつけ)で）

中山(なかやま)「すみません。予約をした中山ですが。」

受付「はい、中山さんですね。もうすぐお呼びしますから、そちらの ＿＿＿ ＿＿＿ ＿★＿ ＿＿＿ ください。」

1 おかけ　2 お待ち　3 いすに　4 になって

7 （店の案内文で）お探しの商品(しょうひん)が ＿＿＿ ＿＿＿ ＿★＿ ＿＿＿ ください。

1 場合は　2 おっしゃって　3 近くの店員に　4 見つからない

8 明日見学(けんがく)に行かれる方は、８時 ＿＿＿ ＿＿＿ ＿★＿ ＿＿＿ ください。

1 西口に　2 お集まり　3 駅の　4 までに

9 （電話で）

A「すみません、＿＿＿ ＿＿＿ ＿★＿ ＿＿＿ ことがあるのですが。」

B「はい。どんなことでしょうか。」

1 募集(ぼしゅう)について　2 うかがいたい　3 アルバイトの　4 そちらの

10 山田(やまだ)「ハンナさんは今回はじめて ＿＿＿ ＿＿＿ ＿★＿ ＿＿＿ ですか。」

ハンナ「いえ、以前にも来たことがあります。」

1 日本　2 いらっしゃった　3 に　4 の

해석보기

PART11

조사와 동사를 활용한 문법표현

MEMO

03 조사와 동사를 활용한 문법표현

01 ～に代(か)わって ～을 대신하여

접속 명사+に代わって

의미 어떠한 물건을 대체하거나, 어떠한 사람을 대신한다는 의미를 나타낸다.

- 社長(しゃちょう)に代(か)わって田中(たなか)部長(ぶちょう)があいさつをした。
- 手紙(てがみ)に代(か)わってメールがよく使(つか)われるようになった。

02 ～に比(くら)べて ～에 비해서, ～과 비교하여

접속 명사+に比べて

의미 앞에 있는 내용을 기준으로 하여 '정도의 차이' 등을 설명한다.

- 去年(きょねん)に比(くら)べて今年(ことし)の冬(ふゆ)はかなり寒(さむ)かった。
- 田舎(いなか)は都会(とかい)に比(くら)べて、空気(くうき)がきれいだ。

03 ～に加(くわ)えて ～에 더하여, ～에 덧붙여

접속 명사+に加えて

의미 어떠한 내용을 추가하여 설명할 때 사용한다.

- 電車代(でんしゃだい)に加(くわ)えて、バス代(だい)もあがってしまった。
- 雨(あめ)に加(くわ)えて風(かぜ)も強(つよ)くなってきた。

MEMO

04 ～に対して ①～에 대하여, ～에게 〈대상·상대〉 ②～과는 대조적으로, ～에 비해 〈대비·비교〉

접속 명사+に対して

의미 동작의 대상이나 상대방을 주로 나타내며, 그 밖에 '대비·비교'의 의미로도 쓰인다.

1 ～에 대하여, ～에게 〈대상·상대〉

- 山田先生は質問に対して、ていねいに説明してくれる。
- この博物館では外国人旅行者に対して割引サービスを行っている。

2 ～과는 대조적으로, ～에 비해 〈대비·비교〉

- ひらがなは音だけを表すのに対して、漢字は意味も表しています。
- 木の家は地震に強いのに対して、火事には弱い。

05 ～について ～에 대하여

접속 명사+について

의미 말하거나 생각하려는 내용을 나타낸다. 즉 어떠한 주제를 제시할 때 사용한다.

- この問題についてよく考えておいてください。
- 彼は車が好きで、車についてよく知っている。

06 ～に関して ～에 관하여

접속 명사+に関して

의미 말하거나 생각하려는 내용을 나타낸다. 「～について」보다 딱딱한 느낌을 준다.

- 発表の内容に関して、何か質問はありませんか。
- 料理に関する雑誌が、毎月新しく出ている。

MEMO

07 ～にとって ～에게 있어서, ～에게

접속 명사+にとって

의미 누구의 입장인지를 제시하는 표현이다. 뒤에는 판단이나 평가가 오게 된다.

- 私(わたし)にとっていちばん大切(たいせつ)なのは家族(かぞく)です。
- 日本人(にほんじん)にとって花火(はなび)のない夏(なつ)は考(かんが)えられない。

08 ～によって ～에 의해, ～에 따라

접속 명사+によって

의미 다양한 용법이 있지만, 주로 '이유·원인', '수단·방법', 그리고 '차이'를 나타낸다.

- 台風(たいふう)によって電車(でんしゃ)が止(と)まった。 이유·원인
- 問題(もんだい)を話(はな)し合(あ)いによって解決(かいけつ)する。 수단·방법
- 人(ひと)によって考(かんが)え方(かた)が違(ちが)う。 차이

09 ～によると・～によれば ～에 의하면, ～에 따르면

접속 명사+によると・によれば

의미 전달하는 내용의 근거를 나타낸다.

- 天気予報(てんきよほう)によると、大雨(おおあめ)が降(ふ)るそうです。
- 山田(やまだ)さんの話(はなし)によれば、中村(なかむら)さんは明日(あした)アメリカに行(い)くそうだ。

MEMO

10 ～から～にかけて ～부터 ～에 걸쳐서

접속 명사+から+명사+にかけて

의미 시간이나 공간적인 범위를 대략적으로 나타내는 표현이다.

- この辺(へん)は、春(はる)から夏(なつ)にかけて、花(はな)がたくさん咲(さ)く。
- 南部地方(なんぶちほう)から中部地方(ちゅうぶちほう)にかけて強(つよ)い雨(あめ)が降(ふ)っている。

11 ～にわたって ～에 걸쳐서

접속 명사+にわたって

의미 시간적·공간적으로 그 범위 전체에 걸쳐서 어떠한 일이 발생할 때 사용한다.

- 5回(ごかい)にわたって話(はな)し合(あ)いを行(おこな)った。
- 一週間(いっしゅうかん)にわたって試験(しけん)が行(おこな)われた。

12 ～に違(ちが)いない ～임에 틀림없다

접속 동사·い형용사 보통형/な형용사 어간·명사+に違いない

의미 마음속으로 강하게 확신할 때 사용하는 표현이다.

- 電気(でんき)が消(き)えているから、もう寝(ね)ているに違(ちが)いない。
- 10か国語(こくご)を話(はな)すなんて、高橋(たかはし)さんは天才(てんさい)に違(ちが)いない。

13 ～にしたがって ～에 따라서

접속 동사의 기본형/명사+にしたがって

의미 한 쪽이 변화함에 따라 다른 쪽도 함께 변화한다는 의미로 사용된다. 이 때, 뒷 문장은 앞 문장의 상황이 발생한 결과인 것이다.

- 人(ひと)は年(とし)をとるにしたがって、体力(たいりょく)がだんだん弱(よわ)くなる。
- 工業化(こうぎょうか)にしたがって、自然環境(しぜんかんきょう)の破壊(はかい)が広(ひろ)がった。

MEMO

14 ～を込(こ)めて ～을 담아

접속 명사+を込めて

의미 어떠한 감정이나 기분을 담아 뒤에 오는 동작을 할 때 사용한다.

- 愛情(あいじょう)をこめてケーキを作(つく)った。
- 心(こころ)を込(こ)めてプレゼントを選(えら)んだ。

15 ～を通(つう)じて・～を通(とお)して ～을 통해서

접속 명사+を通じて・を通して

의미 무언가를 수단으로 삼거나 매개로 하여 어떠한 일을 할 때에 사용한다.

- 読書(どくしょ)を通(つう)じて知識(ちしき)を得(え)る。
- 秘書(ひしょ)を通(とお)して、社長(しゃちょう)に面会(めんかい)を申(もう)し込(こ)んだ。

16 ～をめぐって ～을 둘러싸고

접속 명사+をめぐって

의미 앞에 오는 내용과 중요한 관련이 있다는 의미를 나타낸다. 주로 논쟁이나 분쟁의 대상을 나타낼 때 사용하는 경우가 많다.

- 規則(きそく)の改正(かいせい)をめぐって、いろいろな意見(いけん)が出(で)ている。
- 親(おや)の遺産(いさん)をめぐって兄弟(きょうだい)が争(あらそ)っている。

PART 11 연습문제 ㉛

問題 つぎの文の（　　）に入れるのに最もよいものを１・２・３・４から一つえらびなさい。

1　この大学では、海外からの留学生（　　　）さまざまな支援をしている。

1 にとって　　2 によって　　3 に対して　　4 にしたがって

2　今回発売されたケータイは、今までのもの（　　　）カメラ機能がかなり上がっています。

1 にしたがって　　2 にくらべて　　3 の一方で　　4 のたびに

3　この店は、料理のおいしさに（　　　）、安さで有名だ。

1 対して　　2 くわえて　　3 とって　　4 くらべ

4　あなたの国の習慣（　　　）教えてください。

1 として　　2 にくらべて　　3 について　　4 をこめて

5　彼女（　　　）子どもの教育問題は大きな悩みになっている。

1 にとって　　2 に対して　　3 によって　　4 について

6　調査に（　　　）、最近の中学生はあまり本を読まないという。

1 すると　　2 なると　　3 あると　　4 よると

7　人はいろいろな経験（　　　）成長するものだ。

1 をこめて　　2 をとおして　　3 にかわって　　4 にとって

8　市役所の移転を（　　　）議論が続いている。

1 通じて　　2 関して　　3 こめて　　4 めぐって

9　この鳥は、秋から冬（　　　）日本にやってきます。

1 に関して　　2 に比べて　　3 にかけて　　4 よって

10　道が込んでいる。どこかで事故があった（　　　）。

1 にちがいない　　2 しかない　　3 ではない　　4 にすぎない

PART 11 연습문제 ㉜

問題 つぎの文の（　　）に入れるのに最もよいものを１・２・３・４から一つえらびなさい。

1　そばは、ラーメン（　　　）カロリーが低いという。

1 について　　2 にとって　　3 にしたがって　　4 にくらべて

2　事故のため、４時間に（　　　）電車がストップした。

1 ついて　　2 かけて　　3 わたって　　4 とって

3　野菜の値段(ねだん)は、季節(きせつ)（　　　）変わる。

1 によって　　2 にかわって　　3 をこめて　　4 をめぐって

4　今のアルバイトは給料(きゅうりょう)が高いのに（　　　）家から近いので気に入っている。

1 とって　　2 くわえて　　3 わたって　　4 関(かん)して

5　父が姉の結婚に賛成(さんせい)したの（　　　）、母は反対した。

1 において　　2 によって　　3 について　　4 に対して

6　お母さんは愛情(あいじょう)を（　　　）、子どものために料理を作った。

1 いれて　　2 こめて　　3 はいって　　4 こんで

7　忙しい兄（　　　）図書館へ本を返しに行ってきた。

1 にくわえて　　2 にくらべて　　3 にかわって　　4 にかんして

8　あのきびしいトレーニングは、山下(やました)さん（　　　）軽い運動らしい。

1 については　　2 にとっては　　3 によっては　　4 に対しては

9　６か月前に販売(はんばい)を始めたＡ商品(しょうひん)がどれぐらい売れているか（　　　）調べる必要がある。

1 によって　　2 について　　3 にとって　　4 にかわって

10　友だちの話（　　　）、あの映画はあまりおもしろくないらしい。

1 によると　　2 にくらべると　　3 にわたると　　4 にとると

PART 11 연습문제 ㉝

問題 つぎの文の ＿★＿ に入るのに最もよいものを１・２・３・４から一つえらびなさい。

1 またガソリンの値段(ねだん)が上がった。毎日 ＿＿ ＿＿ ＿★＿ ＿＿ 大きな問題だ。

1 これは　2 私に　3 とって　4 車を運転(うんてん)する

2 今年の新入社員は ＿＿ ＿＿ ＿★＿ ＿＿ です。

1 20人　2 比べて　3 少ない　4 去年に

3 このテレビは ＿＿ ＿＿ ＿★＿ ＿＿ すばらしいので人気(にんき)がある。

1 画面(がめん)の　2 音も　3 加(くわ)えて　4 美しさに

4 感謝(かんしゃ)の気持ち ＿＿ ＿＿ ＿★＿ ＿＿ プレゼントをおくった。

1 に　2 友だち　3 を　4 込(こ)めて

5 いくら探してもケータイが見つからないのだから、＿＿ ＿＿ ＿★＿ ＿＿ ちがいない。

1 どこか　2 に　3 で　4 落とした

6 日本へ留学する前に、＿＿ ＿＿ ＿★＿ ＿＿ たくさん読んでください。

1 書かれた　2 本を　3 ついて　4 日本に

7 商品(しょうひん)の使い方に ＿＿ ＿＿ ＿★＿ ＿＿ 私にメールをください。

1 質問が　2 方は　3 ある　4 関(かん)して

8 病気で入院した ＿＿ ＿＿ ＿★＿ ＿＿ 先生が授業をしている。

1 新しい　2 かわって　3 今は　4 中山(なかやま)先生に

9 母の ＿＿ ＿＿ ＿★＿ ＿＿ おじいさんが入院したそうだ。

1 となりの　2 話に　3 と　4 よる

10 体の ＿＿ ＿＿ ＿★＿ ＿＿ なるかもしれない。

1 旅行に　2 よっては　3 調子(ちょうし)に　4 行けなく

해석보기

PART12

명사를 활용한 표현 1

01 ～たことがある ～한 적이 있다

02 ～ことがある ～하는 경우가 있다

03 ～ことにする ～하기로 하다

04 ～ことになる ～하게 되다

05 ～ことにしている ～하기로 하고 있다

06 ～ことになっている ～하기로 되어 있다

07 ～ということだ ～라는 것이다, ～라고 한다

08 ～ところだ ～하려는 참이다

09 ～ているところだ ～하고 있는 중이다

10 ～たところだ 막 ～한 참이다

11 ～わけがない ～할 리가 없다

12 ～わけにはいかない ～할 수는 없다

13 ～ものだ ～한 법이다, ～하곤 했다

MEMO

명사를 활용한 표현 1

01 ～たことがある ～한 적이 있다

접속 동사의 た형+ことが+ある

의미 과거의 경험을 나타내는 표현이다.

- 飛行機(ひこうき)に乗(の)ったことがありますか。
- こんなすばらしい景色(けしき)は今(いま)まで見(み)たことがありません。

02 ～ことがある ～하는 경우가 있다

접속 동사의 사전형+ことが+ある

의미 현재에도 반복되는 일을 나타낸다.

- ときどき日本(にほん)の歌(うた)を歌(うた)うことがあります。
- 天気(てんき)のいい日(ひ)は、ここから富士山(ふじさん)が見(み)えることがあります。

03 ～ことにする ～하기로 하다

접속 동사의 사전형+ことに+する

의미 어떠한 일을 자신의 의지로 결정하거나 결심할 때 사용하는 표현이다.

- 新(あたら)しい車(くるま)を買(か)うことにした。
- 健康(けんこう)のため、お酒(さけ)をやめることにしました。

MEMO

04 ～ことになる ～하게 되다

접속 동사의 사전형＋ことに＋なる

의미 어떠한 내용이 자신의 의지보다는 외적 요인(사회나 회사 등)에 의해 결정되었다는 의미를 나타낸다.

- 急(きゅう)に海外出張(かいがいしゅっちょう)に行(い)くことになった。
- 来週(らいしゅう)、パーティーをすることになりました。

05 ～ことにしている ～하기로 하고 있다

접속 동사의 사전형＋ことに＋している

의미 자신의 습관을 나타낸다.

- 私(わたし)は６時(ろくじ)に起(お)きることにしている。
- 毎朝(まいあさ)走(はし)ることにしている。

06 ～ことになっている ～하기로 되어 있다

접속 동사의 사전형＋ことに＋なっている

의미 약속이나 단체의 규칙을 나타낸다.

- 友(とも)だちと７時(しちじ)に会(あ)うことになっている。
- 日本(にほん)では、部屋(へや)に入(はい)るとき、靴(くつ)を脱(ぬ)ぐことになっている。

07 ～ということだ ～라는 것이다, ～라고 한다

접속 동사·い형용사·な형용사·명사의 보통형＋ということだ

의미 어떠한 내용을 듣고 그것을 그대로 인용하는 '전달, 전문'의 의미를 나타낸다.

- 来月(らいげつ)から電車代(でんしゃだい)があがるということだ。
- ニュースによると、今年(ことし)の冬(ふゆ)はとても寒(さむ)いということだ。

MEMO

08 ～ところだ ～하려는 참이다

접속 동사의 사전형+ところだ

의미 지금 어떤 동작을 하기 직전이라는 시간적 의미를 나타낸다.

- これから食事(しょくじ)をするところです。
- これから家(いえ)に帰(かえ)るところです。

09 ～ているところだ ～하고 있는 중이다

접속 동사의 て형+いる+ところだ

의미 지금 어떤 동작을 한창 진행하고 있다는 의미를 나타낸다.

- 今(いま)出(で)かける準備(じゅんび)をしているところです。
- 今(いま)レポートを書(か)いているところです。

10 ～たところだ 막 ～한 참이다

접속 동사의 た형+ところだ

의미 어떤 동작이 지금 막 끝났다는 의미를 나타낸다.

- いま会議(かいぎ)が終(お)わったところです。
- いま学校(がっこう)から帰(かえ)ってきたところです。

11 ～わけがない ～할 리가 없다

접속 동사·い형용사·な형용사의 명사수식형+わけがない, 명사+の+わけがない

의미 그럴 가능성이 없다고 강하게 부정하는 화자의 감정을 나타낸다.

- 勉強(べんきょう)もしないで試験(しけん)に受(う)かるわけがない。
- 普通(ふつう)のカメラの値段(ねだん)がこんなに高(たか)いわけがない。

MEMO

12 ～わけにはいかない ～할 수는 없다

접속 동사의 사전형+わけには+いかない

의미 어떠한 이유나 사정이 있어서 그렇게 할 수 없다는 의미를 나타낸다.

- 明日試験があるので、遊ぶわけにはいかない。
- 車を運転するので、お酒を飲むわけにはいかない。

13 ～ものだ ～한 법이다, ～하곤 했다

다음과 같은 다양한 의미를 지니고 있는 표현이므로, 표현 의도에 유의하도록 한다.

1 ～한 법이다 〈보편성, 법칙성〉

접속 동사·い형용사·な형용사의 명사수식형+ものだ

의미 당연한 일이나 상식이라고 생각된다는 것을 말할 때에 사용한다.

- 約束は守るものだ。
- 年をとると体力が落ちるものだ。

2 ～하곤 했다, ～했었지 〈과거의 회상〉

접속 동사·い형용사·な형용사의 た형+ものだ

의미 과거의 상태나 자주 있었던 일을 회상하며 말하는 표현이다.

- 小さい頃、よく公園で遊んだものだ。
- 高校のときは、毎日自転車で学校に通ったものだ。

연습문제 ㉞

問題 つぎの文の（　　）に入れるのに最もよいものを１・２・３・４から一つえらびなさい。

1　祖父（そふ）の話によると、昔ここに川があった（　　　）ことだ。
1 となる　2 とさせられる　3 という　4 といわせる

2　今から友だちに電話を（　　　）ところです。
1 かける　2 かけた　3 かけて　4 かけている

3　まだこの小説を（　　　）ことがありません。
1 読む　2 読んで　3 読むの　4 読んだ

4　今ご飯を作っている（　　　）から、ちょっと待ってくださいね。
1 ことがある　2 ときがある　3 とおりだ　4 ところだ

5　就職（しゅうしょく）して一人（ひとり）暮（ぐ）らしを（　　　）ことになった。
1 始め　2 始める　3 始めて　4 始めよう

6　私は寝る前に歯をみがく（　　　）にしている。
1 の　2 ところ　3 こと　4 もの

7　今も時々（ときどき）あの店に（　　　）ことがあります。
1 行くの　2 行って　3 行った　4 行く

8　今日は疲れたので早く寝る（　　　）にしよう。
1 こと　2 もの　3 わけ　4 ところ

9　今日は５時に東京（とうきょう）駅で友達と（　　　）ことになっているので、そろそろ出ます。
1 会う　2 会おう　3 会った　4 会って

10　A「お父さんはもうお帰りになりましたか。」
B「ちょうど今（　　　）。」
1 帰っていません　2 帰ってきたところです
3 帰ることにしています　4 帰ったことがあります。

연습문제 ㉟

問題 つぎの文の（　　）に入れるのに最もよいものを１・２・３・４から一つえらびなさい。

1　今日中にこの仕事を終わらせなければならないので、ゆっくり休んでいる（　　　）。

1 ことになっている　2 ところだ　3 ものだ　4 わけにはいかない

2　若いころ、日曜日にはよく美術館にいった（　　　）。

1 ものだ　2 せいだ　3 ところだ　4 ことだ

3　私の兄は、幼いころから柔道(じゅうどう)を続けていて、県の代表選手に（　　　）。

1 選んでいるところだ　2 選ぶことにしている

3 選ばせている　4 選ばれたこともある

4　金曜日の授業は午前９時に始まって、午後３時に終わる（　　　）。

1 わけにはいかない　2 ことになっている　3 ことではない　4 ところだ

5　病気になった体で、そんな遠くまで毎日運転(うんてん)できる（　　　）がない。

1 わけ　2 こと　3 もの　4 ところ

6　山田(やまだ)さんの話によると、ここに新しい道路(どうろ)ができる（　　　）。

1 ことにした　2 ということだ　3 ことにしている　4 になることだ

7　事故のときは、だれでもあわてる（　　　）。

1 わけがない　2 ことにする　3 ものだ　4 わけにはいかない

8　毎朝野菜ジュースを飲む（　　　）にしています。

1 こと　2 の　3 はず　4 ため

9　今日は重要(じゅうよう)な会議があるから、会社を休む（　　　）にはいかない。

1 ところ　2 わけ　3 こと　4 はず

10　A「宿題はもう終わりましたか。」

B「今やりはじめた（　　　）です。」

1 こと　2 とき　3 ところ　4 ため

연습문제 36

問題 つぎの文の ＿★＿ に入るのに最もよいものを１・２・３・４から一つえらびなさい。

1 このバスは降りるときに ＿＿＿ ＿＿＿ ＿★＿ ＿＿＿ います。

1 払う　2 ことに　3 料金を　4 なって

2 天気予報(てんきよほう)によると、明日は ＿＿＿ ＿＿＿ ＿★＿ ＿＿＿ ことだ。

1 大雪(おおゆき)が　2 いう　3 と　4 降る

3 （海辺(うみべ)で）

A 「夕日(ゆうひ)がきれいですね。」

B 「本当にすばらしいですね。＿＿＿ ＿＿＿ ＿★＿ ＿＿＿ ことがありません。」

1 きれいな　2 こんなに　3 夕日は　4 見た

4 来月から仕事で ＿＿＿ ＿＿＿ ＿★＿ ＿＿＿ んです。

1 ことに　2 行く　3 アメリカに　4 なった

5 子どものときは、暗くなる ＿＿＿ ＿＿＿ ＿★＿ ＿＿＿ ものだ。

1 まで　2 で　3 遊んだ　4 外

6 本は買わないで、＿＿＿ ＿＿＿ ＿★＿ ＿＿＿ います。

1 借(か)りる　2 図書館で　3 ことに　4 して

7 （電話で）

A 「もしもし、ちょっと話したいことがあるんだけど、今、時間ある？」

B 「ごめん。＿＿＿ ＿＿＿ ＿★＿ ＿＿＿ 私から電話するね。」

1 ちょうど　2 あとで　3 出かける　4 ところだから

8 母が忙しいと、＿＿＿ ＿＿＿ ＿★＿ ＿＿＿、父の料理もなかなかおいしい。

1 父が　2 あるが　3 ことが　4 料理をする

9 こんなに値段の ＿＿＿ ＿＿＿ ＿★＿ ＿＿＿ ない。

1 高い　2 わけが　3 売(う)れる　4 商品(しょうひん)が

10 娘(むすめ)が通う学校では、パンや飲み物が買える売店(ばいてん)もありますが、基本的には全員が ＿＿＿ ＿＿＿ ＿★＿ ＿＿＿ います。

1 なって　2 持って　3 お弁当を　4 いくことに

총정리문제 ❷

問題1 つぎの文の（　　）に入れるのに最もよいものを1・2・3・4から一つえらびなさい。

1 自分の将来の夢(ゆめ)に（　　　）作文を書いた。

1 関(かん)して　　2 よって　　3 とって　　4 かわって

2 中村(なかむら)さんはきのうアメリカへ（　　　）らしいですよ。

1 行き　　2 行く　　3 行って　　4 行った

3 今朝(けさ)はひどくひえますね。午後からは（　　　）かもしれません。

1 ゆきだった　　2 ゆき　　3 ゆきだ　　4 ゆきの

4 先月（　　　）自転車が見つかりました。

1 ぬすんだ　　2 ぬすまれた　　3 ぬすませた　　4 ぬすめた

5 山田(やまだ)さんは高橋(たかはし)先生の住所を（　　　）ですか。

1 お知り　　2 ご存じ　　3 存じ　　4 知っている

6 そのパソコン、あいたら（　　　）ください。

1 使わせて　　2 使うさせて　　3 使いさせて　　4 使わせられて

7 むすこは今でかけた（　　　）です。

1 こと　　2 つもり　　3 とき　　4 ところ

8 A「あ、コーヒーが（　　　）よ。」
B「ほんとうだ。買っておいたほうがいいですね。」

1 なくなるらしいです　　2 なくなるそうです

3 なくなるはずです　　4 なくなりそうです

9 新聞やテレビを（　　　）いろいろなことを知ることができる。

1 中心に　2 よって　3 こめて　4 つうじて

10 わたしは先生の趣味をおたずね（　　　）。

1 しました　2 になりました　3 ございました　4 なさいました

11 彼女は何も知らないと言っているが、本当は知っている（　　　）。

1 と思えない　2 ほうがいい　3 にちがいない　4 と言えない

12 A「その本、借りてもいいですか。」

B「どうぞ。私も今ちょうど読みおわった（　　　）ですから。」

1 らしい　2 ところ　3 はず　4 みたい

13 山田「明日、コンサートにいくつもりですが、林さんも一緒に行きませんか。」

林　「ええ、山田さんが（　　　）、私も行きたいです。」

1 行っても　2 行くと　3 行かなくて　4 行くなら

問題2 つぎの文の ＿★＿ に入るのに最もよいものを1・2・3・4から一つえらびなさい。

14 ニュースによると、電車は ＿＿ ＿＿ ＿★＿ ＿＿ ことだ。

1 雪の　2 という　3 ため　4 止まっている

15 これは ＿＿ ＿＿ ＿★＿ ＿＿ ね。きっと高かったでしょうね。

1 物の　2 ずいぶん　3 めずらしい　4 よう

16 夏に ＿＿＿ ＿＿＿ ＿★＿ ＿＿＿ 北海道がいちばんいい。

1 旅行　　2 行く　　3 なら　　4 に

17 子どもを ＿＿＿ ＿＿＿ ＿★＿ ＿＿＿ が、すこし心配です。

1 買い物　　2 行かせた　　3 に　　4 のです

18 A「先生はいつ見えますか。」
B「先生 ＿＿＿ ＿＿＿ ＿★＿ ＿＿＿ 少し時間がありますから、そこでお待ちください。」

1 まで　　2 なる　　3 が　　4 おいでに

問題3 つぎの文章を読んで、文章全体の内容を考えて、[19] から [23] の中に入る最もよいものを、1・2・3・4から一つえらびなさい。

母の日を三日も過ぎたころ、一通の手紙といっしょに、息子から初めてのプレゼントをもらった。手紙 [19] 、田舎から都会へ就職して二か月目となり、都会での一人暮らしにも慣れてきたらしい。

息子は、高校を卒業して、進学か就職かかなり悩んで、就職することに決めた。私は進学して [20] 。今考えると、本人のためではなく、もう少し私に甘えてもらいたかっただけ [21] 。息子はずっと以前に立派な大人になっているのに、なかなか [22] 親だったのかもしれない。

「今まで育ててくれてありがとう」。思いもしなかった言葉に涙が止まらなかった。息子からのこのありがたい [23] を大切にしたいと思った。

19

1 によると　　2 をこめて　　3 をめぐって　　4 について

20

1 あげた　　2 ほしかった　　3 くれた　　4 いただいた

21

1 そうだ　　2 ようだ　　3 はずがない　　4 かもしれない

22

1 進学しようとしない　　2 都会(とかい)暮(ぐ)らしに慣れない

3 就職できない　　4 子どもから離(はな)れられない

23

1 涙　　2 プレゼント　　3 就職　　4 一人暮らし

해석보기

PART13

명사를 활용한 표현 2

MEMO

명사를 활용한 표현 2

01 ～間(あいだ)/～間(あいだ)に ～사이에, 동안에

접속 명사＋の＋間(に), 동사 보통형＋間(に) 〈주로 ～ている＋間に〉, い형용사의 사전형·부정형＋間(に), な형용사의 명사수식형·부정형＋間(に)

의미 시간의 범위를 나타내는 표현이다. 「～間」는 기간을 나타내며, 동작이나 상태가 지속되는 연속적인 상황을 나타낸다. 「～間に」는 그 기간 안에 완료되는 동작을 나타낸다.

間(あいだ) : 연속적인 범위

間(あいだ)に : 범위 안의 한 시점

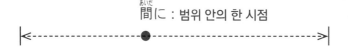

- 木村(きむら)さんが旅行(りょこう)している間(あいだ)、私(わたし)は仕事(しごと)をしていた。
  〈 여행기간 내내 일을 함 〉
- 木村(きむら)さんが旅行(りょこう)している間(あいだ)に、私(わたし)は会社(かいしゃ)を辞(や)めた。
  〈 여행기간의 한 시점에 회사를 그만둠 〉
- 夏休(なつやす)みの間(あいだ)、田舎(いなか)で過(す)ごした。
  〈 방학 내내 시골에서 지냄 〉
- 夏休(なつやす)みの間(あいだ)に、北海道(ほっかいどう)に行(い)ってきた。
  〈 방학기간 중의 일부를 홋카이도에서 지냄 〉

MEMO

02 ～ため(に) ①～때문에〈원인·이유〉 ②～을 위해서〈목적〉

접속 동사 · い형용사· な형용사의 명사수식형＋ため(に), 명사＋の＋ため(に)

의미 어떠한 일의 원인이나 이유 또는 목적을 나타낸다.

1 ～때문에〈원인·이유〉

- 無理(むり)をしたために病気(びょうき)になった。
- ここは交通(こうつう)が便利(べんり)なために家賃(やちん)が高(たか)い。

2 ～을 위해서〈목적〉

- 健康(けんこう)のために毎日運動(まいにちうんどう)をする。
- 合格(ごうかく)するためにいっしょうけんめい勉強(べんきょう)する。

03 ～かわり(に) ～대신에

접속 동사· い형용사· な형용사의 명사수식형＋かわり(に), 명사＋の＋かわり(に)

의미 어떤 사람을 대신하거나 어떤 동작을 하지 않고 다른 일로 대체하는 경우에 사용한다.

- 手紙(てがみ)を出(だ)すかわりに電話(でんわ)をした。
- 社長(しゃちょう)のかわりに部長(ぶちょう)があいさつをした。

04 ～とおり(に) ～대로

접속 동사의 사전형· た형＋とおり(に), 명사＋の＋とおり, 명사＋どおり

의미 어떠한 상태와 방법이 같다는 의미를 나타낸다.

- 私(わたし)の言(い)うとおりにすれば大丈夫(だいじょうぶ)だよ。
- 約束(やくそく)どおり私(わたし)たちは5時(ごじ)に駅(えき)で会(あ)った。

MEMO

05 ～最中(さいちゅう)(に) 한창 ~중에

접속 동사의 ている＋最中(に), 명사＋の＋最中(に)

의미 어떤 동작이나 상태가 가장 왕성한 때를 나타낸다.

- お風呂(ふろ)に入(はい)っている最中(さいちゅう)にお客(きゃく)さんがきた。
- 食事(しょくじ)の最中(さいちゅう)に電話(でんわ)がかかってきた。

06 ～たびに ~할 때마다

접속 동사의 사전형＋たびに, 명사＋の＋たびに

의미 어떤 동작을 할 때는 항상 그 일이 발생한다는 의미를 나타낸다.

- この写真(しゃしん)を見(み)るたびに子(こ)どものころを思(おも)い出(だ)す。
- 母(はは)は買(か)い物(もの)のたびにお菓子(かし)を買(か)ってくる。

07 ～おかげ(で) ~덕분(에)

접속 동사·い형용사·な형용사의 명사수식형＋おかげ(で), 명사＋の＋おかげ(で)

의미 무언가가 원인이 되어 어떠한 결과가 발생했을 때 사용한다. 주로 좋은 결과가 되었을 때 사용하는 경우가 많다.

- あなたのおかげで成功(せいこう)しました。
- 家(いえ)の近(ちか)くに川(かわ)があるおかげで夏(なつ)は涼(すず)しい。

08 ～せい(で) ~탓(에)

접속 동사·い형용사·な형용사의 명사수식형＋せい(で), 명사＋の＋せい(で)

의미 그것이 원인이 되어 좋지 않은 결과가 되었다는 것을 나타낸다.

- お酒(さけ)を飲(の)み過(す)ぎたせいか頭(あたま)が痛(いた)い。
- 失敗(しっぱい)を人(ひと)のせいにしてはいけません。

MEMO

09 ～くせに ～인 주제에, ～인데도

접속 동사·い형용사·な형용사의 명사수식형＋くせに, 명사＋の＋くせに

의미 「～のに」에 가까운 의미로서 주로 주어로 등장하는 사람을 비난할 때 사용한다.

- 学生(がくせい)のくせにぜんぜん勉強(べんきょう)しない。
- あの子(こ)は自分(じぶん)が悪(わる)いくせに、いつも人(ひと)のせいにする。

10 ～ついでに ～하는 김에

접속 동사의 사전형·た형＋ついでに, 명사＋の＋ついでに

의미 어떠한 일을 할 때에 그것을 기회로 다른 일도 한다는 의미를 나타낸다.

- 買(か)い物(もの)のついでに、本屋(ほんや)に寄(よ)ってみた。
- 町(まち)を見物(けんぶつ)しに出(で)かけたついでに、近(ちか)くの公園(こうえん)を散歩(さんぽ)してきた。

11 ～上(うえ)に ～한 데다가

접속 동사·い형용사·な형용사의 명사수식형＋上に, 명사＋の＋上に

의미 그것뿐 아니라 다른 것도 더 있다는 '추가, 첨가'의 의미를 나타낸다.

- 彼(かれ)は頭(あたま)がいいうえに、スポーツもできる。
- 雨(あめ)が降(ふ)っている上(うえ)に、風(かぜ)も吹(ふ)いている。

12 ～おそれがある ～우려가 있다

접속 동사의 사전형＋おそれがある, 명사＋の＋おそれがある

의미 좋지 않은 일이 일어날 가능성이 있음을 나타낸다.

- 今日(きょう)は大雪(おおゆき)のおそれがあります。
- 早(はや)く手術(しゅじゅつ)しないと、病気(びょうき)が悪化(あっか)するおそれがある。

PART 13 연습문제 37

問題 つぎの文の（　　）に入れるのに最もよいものを１・２・３・４から一つえらびなさい。

1 試験に合格(ごうかく)できたのは先生の（　　　）です。

1 せい　　2 おかげ　　3 とおり　　4 おそれ

2 青木(あおき)先生の講演の（　　　）、みんな熱心(ねっしん)に話を聞いていた。

1 あいだに　　2 あいだ　　3 あいだで　　4 あいだと

3 第１駐車場は現在工事中の（　　　）、南側(みなみがわ)の第２駐車場をご利用ください。

1 ほか　　2 ため　　3 最中　　4 一方

4 辞書(じしょ)を買う（　　　）、本屋に行きました。

1 からに　　2 ように　　3 ことに　　4 ために

5 電話（　　　）最中に父が帰ってきた。

1 する　　2 して　　3 している　　4 した

6 彼女は会う（　　　）きれいになっていく。

1 最中に　　2 だけに　　3 たびに　　4 くせに

7 今朝(けさ)は、目覚(めざ)まし時計(どけい)が鳴(な)らなかった（　　　）、結局２時間も寝坊(ねぼう)してしまった。

1 はずで　　2 くせに　　3 せいで　　4 最中に

8 新しいレストランは料理がおいしい（　　　）雰囲気(ふんいき)もいい。

1 ながら　　2 あいだ　　3 たびに　　4 うえに

9 スピードを出しすぎると、事故を起こす（　　　）がある。

1 おそれ　　2 せい　　3 おかげ　　4 一方

10 用事があって駅まで行った（　　　）に、デパートで買い物をした。

1 最中　　2 一方　　3 ついで　　4 かわり

PART 13 연습문제 ㊳

問題 つぎの文の（　　）に入れるのに最もよいものを１・２・３・４から一つえらびなさい。

1　彼は山田(やまだ)さんの（　　　）会議に出席した。

1 かわりに　　2 たびに　　3 くせに　　4 とおり

2　これから先生が（　　　）図(ず)をかいてください。

1 言うあいだ　　2 言うとおりに　　3 言うなら　　4 言いながら

3　私は石川(いしかわ)さんに会う（　　　）本当にすてきな人だといつも思う。

1 うちに　　2 はじめに　　3 たびに　　4 だけに

4　雨が降っているので、映画に行く（　　　）家でDVDを見よう。

1 によって　　2 ついでに　　3 かわりに　　4 だけで

5　借りた本は約束（　　　）、明日返します。

1 うえに　　2 どおり　　3 最中　　4 ついでに

6　食事の（　　　）だから、タバコは遠慮(えんりょ)してください。

1 とおり　　2 かわり　　3 おかげ　　4 さいちゅう

7　家の近くに駅ができた（　　　）便利になった。

1 おかげで　　2 せいで　　3 くせに　　4 とおり

8　山田(やまだ)さんは歌が下手な（　　　）カラオケが好きだ。

1 かわりに　　2 くせに　　3 せいで　　4 だけでなく

9　彼の話は長い（　　　）、おもしろくない。

1 うちに　　2 うえに　　3 ついでに　　4 たびに

10　仕事で東京に行った（　　　）友だちに会ってきた。

1 ついでに　　2 ばかりに　　3 とおりに　　4 くせに

PART 13 연습문제 39

問題 つぎの文の ＿★＿ に入るのに最もよいものを１・２・３・４から一つえらびなさい。

1 この歌を ＿＿＿ ＿＿＿ ＿★＿ ＿＿＿ 思い出す。

1 学生時代を　**2** 楽しかった　**3** 聞く　**4** たびに

2 授業のノートを ＿＿＿ ＿＿＿ ＿★＿ ＿＿＿ 、食事をごちそうした。

1 かわり　**2** に　**3** 貸(か)して　**4** もらった

3 私が風邪(かぜ)をひかないのは、＿＿＿ ＿＿＿ ＿★＿ ＿＿＿ と思う。

1 ジョギングの　**2** している　**3** 毎朝　**4** おかげだ

4 この辺は静かな ＿＿＿ ＿＿＿ ＿★＿ ＿＿＿ のにいい所だ。

1 住む　**2** 景色(けしき)も　**3** きれいで　**4** うえに

5 銀行に ＿＿＿ ＿＿＿ ＿★＿ ＿＿＿ ジュースを買ってきてくれませんか。

1 コンビニ　**2** で　**3** 行く　**4** ついでに

6 このまま不景気(ふけいき)が ＿＿＿ ＿＿＿ ＿★＿ ＿＿＿ ある。

1 続くと　**2** つぶれる　**3** おそれが　**4** 会社が

7 新入社員の中村(なかむら)君は ＿＿＿ ＿＿＿ ＿★＿ ＿＿＿ を始めた。

1 居眠(いねむ)り　**2** の　**3** 最中に　**4** 会議

8 先生が ＿＿＿ ＿＿＿ ＿★＿ ＿＿＿ 試験に合格(ごうかく)できますよ。

1 勉強　**2** 言った　**3** すれば　**4** とおりに

9 アメリカに４年 ＿＿＿ ＿＿＿ ＿★＿ ＿＿＿ 、日本はすっかり変わってしまった。

1 間に　**2** ほど　**3** 留学(りゅうがく)して　**4** いる

10 彼は ＿＿＿ ＿＿＿ ＿★＿ ＿＿＿ 知っていると思っている。

1 何も　**2** 何でも　**3** くせに　**4** 知らない

해석보기

PART14

기타 문형

01 ～うちに / ～ないうちに
～하는 동안에 / ～하기 전에

02 ～一方(いっぽう)だ ～하기만 한다

03 ～がち 자주 ～함

04 ～がる ～해하다

05 ～ごとに ～마다

06 ～さ ～임, ～함

07 ～中(じゅう) 온～, 전부～

08 ～だらけ ～투성이

09 ～という ～라는

10 ～というと・～といえば
～로 말하자면, ～라면

11 ～とすれば・～としたら
～라고 한다면

12 ～として ～로서

13 ～にかぎり ～에 한해서

14 ～にする ～으로 하다

15 ～はもちろん ～은 물론

16 ～たとたん(に) ～한 순간, ～하자마자

17 ～まい ～하지 않을 것이다, ～하지 않겠다

MEMO

기타 문형

01 ～うちに / ～ないうちに ～하는 동안에 / ～하기 전에

다음과 같은 다양한 의미를 지니고 있는 표현이므로, 표현 의도에 유의하도록 한다.

1 ～하는 동안에, ～하는 사이에

접속 동사・い형용사의 사전형＋うちに, な형용사의 어간＋な＋うちに, 명사＋の＋うちに

의미 지금의 상태가 유지되는 동안에 무언가 동작을 할 때 사용한다.

- テレビを見(み)ているうちに、眠(ねむ)くなってきた。
- 花(はな)がきれいなうちに、花見(はなみ)に行(い)きたい。

2 ～하기 전에, ～과 반대로 되기 전에

접속 동사의 ない형＋ない＋うちに

의미 지금의 상태가 다른 상태로 변하기 전에 무언가 동작을 할 때 사용한다.

- 雨(あめ)が降(ふ)らないうちに帰(かえ)りましょう。
- 忘(わす)れないうちに書(か)いておこう。

02 ～一方(いっぽう)だ ～하기만 한다

접속 동사의 사전형＋一方だ

의미 어떤 일이 한쪽으로만 변화가 진행되는 경우를 나타낸다.

- 彼(かれ)の病気(びょうき)は悪(わる)くなる一方(いっぽう)だ。
- 物価(ぶっか)は上(あ)がる一方(いっぽう)だ。

MEMO

03 ～がち 자주 ～함

접속 동사의 ます형/명사+がち

의미 어떠한 경향이 자주 발생하거나 발생하기 쉽다는 의미를 나타낸다.

- 最近(さいきん)、バスが遅(おく)れがちで困(こま)る。
- 健康(けんこう)な兄(あに)に対(たい)して、弟(おとうと)は病気(びょうき)がちだ。

04 ～がる ～해하다

접속 い형용사･な형용사의 어간+がる

의미 그런 것처럼 생각되거나 그런 식으로 행동한다는 느낌을 나타낸다.

寒(さむ)い → 寒(さむ)がる (춥다 → 추워하다)

ほしい → ほしがる (갖고 싶다 → 갖고 싶어하다)

怖(こわ)い → 怖(こわ)がる (무섭다 → 무서워하다)

いやだ → いやがる (싫다 → 싫어하다)

不思議(ふしぎ)だ → 不思議(ふしぎ)がる (신기하다 → 신기해하다)

得意(とくい)だ → 得意(とくい)がる (자신 있다 → 자신 있어 하다)

- ストーブがついていないのでみんな寒(さむ)がっている。
- 子(こ)どもはいつも外(そと)で遊(あそ)びたがる。

05 ～ごとに ～마다

접속 동사의 사전형/명사+ごとに

의미 어떤 일을 할 때마다 모두가 그러한 동작을 하거나 그러한 상태가 된다는 의미를 나타낸다.

- 月(つき)ごとに料金(りょうきん)を支払(しはら)う。
- １問(もん)間違(まちが)えるごとに１点(てん)ずつ減点(げんてん)される。

MEMO

06 ～さ ~임, ~함

접속 い형용사·な형용사의 어간＋さ

의미 い형용사와 な형용사가 지닌 성질이나 정도를 명사로 만든다.

大(おお)きい → 大(おお)きさ (크다 → 크기)
美(うつく)しい → 美(うつく)しさ (아름답다 → 아름다움)
怖(こわ)い → 怖(こわ)さ (무섭다 → 무서움)
長(なが)い → 長(なが)さ (길다 → 길이)
大切(たいせつ)だ → 大切(たいせつ)さ (소중하다 → 소중함)
静(しず)かだ → 静(しず)かさ (조용하다 → 조용함)
華(はな)やかだ → 華(はな)やかさ (화려하다 → 화려함)

- この家(いえ)の広(ひろ)さはどのくらいですか。
- 人(ひと)にはまじめさが必要(ひつよう)だと思(おも)っている。

07 ～中(じゅう) 온~, 전부~

접속 명사＋中

의미 시간적·공간적인 전체 범위를 나타낸다.

시간적 전체 범위

一日中(いちにちじゅう) (하루 종일)　一晩中(ひとばんじゅう) (밤새)　一年中(いちねんじゅう) (일년 내내)

공간적 전체 범위

部屋中(へやじゅう) (온 방안)　家中(いえじゅう) (온 집안)　国中(くにじゅう) (전국)
世界中(せかいじゅう) (전 세계)　日本中(にほんじゅう) (일본 전체)

- この国(くに)は一年中(いちねんじゅう)暑(あつ)い。
- わたしは世界中(せかいじゅう)の切手(きって)を集(あつ)めています。

MEMO

08 ～だらけ ～투성이

접속 명사+だらけ

의미 별로 좋지 않은 무언가가 잔뜩 있다는 의미를 나타낸다.

- この作文(さくぶん)は間違(まちが)いだらけだ。
- 転(ころ)んでしまって手(て)と足(あし)が傷(きず)だらけだ。

09 ～という ～라는

접속 명사+という+명사

의미 명사와 명사 사이에 「という」를 넣어서, '그렇게 불리는'이라는 인용의 의미를 나타낸다. 이때, 「という」의 앞뒤에 오는 명사는 같은 내용으로 동격을 나타낸다.

- 田中(たなか)さんという人(ひと)から電話(でんわ)がありました。
- 「そら」という店(みせ)を知(し)っていますか。

10 ～というと・～といえば ～로 말하자면, ～라면

접속 명사+というと・といえば

의미 어떤 화제를 제시하거나 그 화제로부터 연상된 내용을 거론할 때 사용한다.

- 和食(わしょく)というと、やっぱり寿司(すし)ですね。
- A 「カレー、食(た)べに行(い)きませんか。」

  B 「そうね。カレーといえば、駅前(えきまえ)の店(みせ)がおいしいね。」

MEMO

11 ～とすれば・～としたら ～라고 한다면

접속 동사·い형용사·な형용사·명사의 보통형+とすれば·としたら

의미 '(만약) ～라고 한다면'이라는 가정을 나타낸다.

- 今度(こんど)引(ひ)っ越(こ)すとすれば駅(えき)の近(ちか)くがいい。
- もしそのうわさが本当(ほんとう)だとしたら大変(たいへん)なことになる。

12 ～として ～로서

접속 명사+として

의미 신분이나 자격을 나타낸다.

- トムさんは留学生(りゅうがくせい)として日本(にほん)へ来(き)た。
- 田中選手(たなかせんしゅ)は日本代表(にほんだいひょう)としてオリンピックに出(で)ることになった。

13 ～にかぎり ～에 한해서

접속 명사+にかぎり

의미 오직 그것뿐이라는 '～뿐, ～만'의 의미를 강조하여 표현한다.

- 本日(ほんじつ)にかぎり、２０(にじゅっ)パーセント割引(わりびき)します。
- ５０名様(ごじゅうめいさま)にかぎり、すてきな商品(しょうひん)をプレゼントします。

14 ～にする ～으로 하다

접속 명사+にする

의미 무언가를 선택하거나 결정할 때 사용한다.

- 私は紅茶(こうちゃ)にします。
- 母(はは)の誕生日(たんじょうび)のプレゼントを何(なに)にするか迷(まよ)っている。

MEMO

15 ～はもちろん ～은 물론

접속 명사+はもちろん

의미 그것에 대해서는 말할 필요도 없이 당연하며, 추가되는 내용 역시 논할 필요가 없다는 의미를 나타낸다.

- 野球(やきゅう)はもちろんサッカーも人気(にんき)スポーツである。
- 復習(ふくしゅう)はもちろん予習(よしゅう)もしなければならない。

16 ～たとたん(に) ～한 순간, ～하자마자

접속 동사의 た형+とたん(に)

의미 어떤 일이 이루어지자마자 다른 일이 갑자기 발생할 때 사용한다.

- 私(わたし)たちが家(いえ)を出(で)たとたん、雨(あめ)が降(ふ)りだした。
- その知(し)らせを聞(き)いたとたんに彼女(かのじょ)は泣(な)きだした。

17 ～まい ～하지 않을 것이다, ～하지 않겠다

접속 동사의 사전형+まい 〈단, 2그룹동사와 3그룹동사는 ない형에 붙기도 함〉

의미 주로 부정의 추측(～하지 않을 것이다)이나 부정의 의지(～하지 않겠다)를 나타낸다.

1 ～하지 않을 것이다 〈부정의 추측〉

- 夕焼(ゆうや)けがきれいだから、明日(あした)は雨(あめ)は降(ふ)るまい。
- こんなむずかしい問題(もんだい)は子(こ)どもにはできるまい。

2 ～하지 않겠다 〈부정의 의지〉

- あんなまずいレストランには二度(にど)と行(い)くまい。
- これから絶対(ぜったい)にお酒(さけ)を飲(の)むまいと決(き)めた。

PART 14 연습문제 40

問題 つぎの文の（　　）に入れるのに最もよいものを１・２・３・４から一つえらびなさい。

1　仕事が忙しくなると、寝不足(ねぶそく)に（　　　）がちだ。

1 なる　　2 なり　　3 なって　　4 なった

2　香水(こうすい)と（　　　）フランス製(せい)が有名ですね。

1 いえば　　2 いっても　　3 いうより　　4 いうが

3　スミレ（　　　）レストランを知っていますか。

1 という　　2 がいう　　3 にいう　　4 をいう

4　私の顔を見た（　　　）彼女は泣きだした。

1 ばかりか　　2 うちに　　3 とたんに　　4 かちで

5　予定どおりだ（　　　）、飛行機が着くのは午後９時になるはずだ。。

1 としたら　　2 とともに　　3 としても　　4 とも

6　押入(おしい)れからほこり（　　　）のアルバムが見つかった。

1 しか　　2 だらけ　　3 だけ　　4 一方

7　日本では子どもの数(かず)が（　　　）一方だ。

1 減(へ)りそう　　2 減(へ)ります　　3 減(へ)った　　4 減(へ)る

8　山田(やまだ)さんはとてもあなたに（　　　）いましたよ。

1 会いたがって　　2 会いたく　　3 会って　　4 会おうと

9　このドラマの（　　　）は、子どもにはわからないだろう。

1 おもしろく　　2 おもしろいな　　3 おもしろさ　　4 おもしろいさ

10　姉(あね)がイギリスに留学した。姉がいる (　　　) ぜひ一度遊びに行きたい。

1 うちに　　2 たびに　　3 ことで　　4 くせに

PART 14 연습문제 41

問題 つぎの文の（　　）に入れるのに最もよいものを１・２・３・４から一つえらびなさい。

1 来週、社長がアメリカに出張するので、私も通訳（　　　）いっしょに行きます。

1 にして　**2** として　**3** にまで　**4** とまで

2 島田さんは、英語は（　　　）中国語もできる。

1 関して　**2** もちろん　**3** くわえて　**4** 中心に

3 スポーツ（　　　）あなたは何が好きですか。

1 にとって　**2** によって　**3** とともに　**4** というと

4 そのカメラの値段の（　　　）におどろいた。

1 たかい　**2** たかく　**3** たかさ　**4** たかくて

5 こちらの商品に（　　　）、安くなっています。

1 かけて　**2** 関して　**3** ついて　**4** かぎり

6 これからではもう最終電車には（　　　）まい。

1 間に合う　**2** 間に合おう　**3** 間に合って　**4** 間に合った

7 この学校では、教室（　　　）テレビが置いてある。

1 うちに　**2** ごとに　**3** あいだに　**4** ほどに

8 今日は忙しくて、一日（　　　）大変だった。

1 ずつ　**2** おきに　**3** にかぎり　**4** じゅう

9 アメリカに留学した娘は、日本へ帰って一年も（　　　）英語を忘れてしまった。

1 経たないで　**2** 経たなくて　**3** 経たないうちに　**4** 経たない先に

10 (喫茶店で)

A 「何か食べようか。」

B 「わたしは、サンドイッチとコーヒー（　　　）。あなたは？」

1 とする　**2** がする　**3** にする　**4** もする

연습문제 ㊷

問題 つぎの文の ＿★＿ に入るのに最もよいものを１・２・３・４から一つえらびなさい。

1　漢字の練習を ＿＿ ＿＿ ＿★＿ ＿＿ おもしろくなってきた。

1 うちに　2 いる　3 何度も　4 やって

2　都会の便利な生活をしていると、人間は自然の一部だ ＿＿ ＿＿ ＿★＿ ＿＿ なる。

1 忘れ　2 がちに　3 という　4 ことを

3　ちょっと難しいですが、「都」 ＿＿ ＿＿ ＿★＿ ＿＿ ください。

1 書いて　2 という　3 漢字は　4 こう

4　出かけよう ＿＿ ＿＿ ＿★＿ ＿＿ とたんに、中で電話が鳴りはじめた。

1 しめた　2 かぎを　3 として　4 部屋の

5　着たまま ＿＿ ＿＿ ＿★＿ ＿＿ になってしまった。

1 しわだらけ　2 寝てしまった　3 服は　4 ので

6　この会場 ＿＿ ＿＿ ＿★＿ ＿＿ できます。

1 女性に　2 入場　3 には　4 かぎり

7　大都市の交通問題は ＿＿ ＿＿ ＿★＿ ＿＿ きている。

1 年　2 なって　3 ひどく　4 ごとに

8　やせるために、毎日運動をしているが、＿＿ ＿＿ ＿★＿ ＿＿ 一方だ。

1 ので　2 太る　3 よく　4 食べる

9　アメリカの ＿＿ ＿＿ ＿★＿ ＿＿ 高校生が少なくないらしい。

1 日本の　2 大学に　3 したがる　4 留学

10　A「昨日、山下さんに会いましたよ。」
B「そうですか、山下さん ＿＿ ＿＿ ＿★＿ ＿＿ 合格したそうです。」

1 試験に　2 今度の　3 と　4 いえば

해석보기

PART15

조사의 기본

MEMO

조사의 기본

조사는, 어떠한 단어에 붙어서 그 말과 다른 말의 문법적 관계나 의미를 나타내는 표현이다. 의미에 따라 다양한 접속형태를 지닌다. 본서에서는 의미를 중심으로 서술하고자 한다.

01 ～で ~에서, ~로, ~에

- 子(こ)どもが庭(にわ)で遊(あそ)んでいる。 동작이 이루어지는 장소
- 試合(しあい)は雨(あめ)で中止(ちゅうし)になった。 원인·이유
- 名前(なまえ)は黒(くろ)いボールペンで書(か)いてください。 수단
- このシャツは2枚(にまい)で3000円(さんぜんえん)です。 단위
- 試験(しけん)はあしたで終(お)わります。 시간적 한도
- 木(き)でいすを作(つく)ります。 재료

02 ～に ~에, ~에게, ~(으)로

- 私(わたし)の会社(かいしゃ)は東京(とうきょう)にあります。 존재하는 장소
- きょうは朝(あさ)5時(ごじ)に起(お)きました。 시간
- 妹(いもうと)にハンカチを買(か)ってあげた。 동작의 대상, 상대방
- 1週間(いっしゅうかん)に2回(にかい)テストがあります。 기준이 되는 단위
- あした公園(こうえん)に行(い)きます。 목적지, 귀착점
- デパートへ買(か)い物(もの)に行(い)きました。 동작의 목적

MEMO

03 ～から ～부터, ～때문에, ～로

- 会議は3時から始まる。 기점〈시간〉
- アメリカから帰ってくる。 기점〈장소〉
- このアパートは学校から近いから便利だ。 원인·이유
- 米から酒を作る。 재료·원료

04 ～し ～하고, ～으니 〈사실 나열, 이유 설명〉

- 彼は勉強もできるし、スポーツもよくできる。 사실의 나열
- 暗くなってきたし、そろそろ帰ろうか。 원인이나 이유의 설명

05 ～かどうか ～인지 어떤지 〈망설임, 의문〉

- これでいいかどうかよく分かりません。
- このケーキ、おいしいかどうか食べてみてください。

06 ～ので ～때문에 〈원인, 이유〉

- 天気が悪かったので外出しなかった。
- 熱があるので学校を休んだ。

MEMO

07 ～のに ~인데도

의미 뒤에 오는 내용이 앞의 내용과 대립하거나 차이가 발생하는 역접의 의미를 나타낸다.

- 薬(くすり)を飲(の)んだのに風邪(かぜ)がなおらない。
- 熱(ねつ)があるのに出(で)かけて行(い)った。

08 ～でも ~라도

의미 명사 뒤에 붙어 가벼운 예를 들거나, 「なんでも(뭐든지), どれでも(어느 것이든)」와 같이 의문사 뒤에 붙어 전면적인 긍정을 나타낸다.

1 예시

- お茶(ちゃ)でも飲(の)みましょう。
- この問題(もんだい)は小学生(しょうがくせい)でもできる。

2 전면 긍정

- あなたに会(あ)えるなら私(わたし)はいつでもいいですよ。

09 ～まで ~까지

의미 장소나 시간 등과 관련하여 어떠한 동작이나 작용이 도달하는 한도를 나타낸다. 계속적인 개념이 있다.

- 車(くるま)でうちから会社(かいしゃ)まで30分(さんじゅっぷん)かかります。 [공간적 범위의 한도]
- 会議(かいぎ)は3時(さんじ)から5時(ごじ)までです。 [시간적 범위의 한도]

MEMO

10 ～までに ～까지

의미 어떤 일이 이루어지는 기한을 나타내며, 단발적인 개념이 있다.

- 9時(くじ)までに家(いえ)に帰(かえ)ります。
- 来週(らいしゅう)までにレポートを書(か)くつもりだ。

참고

～まで와 ～までに의 구별

a ～まで ～까지

授業(じゅぎょう)は1時(いちじ)から2時(にじ)までです。 [시간적 범위의 한도]

수업은 1시부터 2시까지입니다. (1시부터 2시까지 수업이 계속됨)

b ～までに ～까지, ～안으로

明日(あした)は午前8時(ごぜんはちじ)までに会社(かいしゃ)へ来(き)てください。 [한정된 시간 – 기한]

내일은 오전 8시까지 회사에 와 주세요. (8시 이전에만 회사로 오면 됨)

11 ～くらい・～ぐらい ～정도

의미 대략적인 정도를 나타내거나 동작이나 상태를 예시하여 나타낸다. 「くらい」와 「ぐらい」는 접속에 관계없이 어느 것이든 사용할 수 있다.

1 대략적인 정도

- きのうは6時間(ろくじかん)ぐらい寝(ね)ました。
- 教室(きょうしつ)に学生(がくせい)が30人(さんじゅうにん)ぐらいいます。

2 예시 〈동작이나 상태의 예시〉

- 酒(さけ)ぐらい飲(の)んでもいいよ。
- あのやさしい人(ひと)が大声(おおごえ)を出(だ)すくらいだから、ひどく怒(おこ)っているのだろう。

MEMO

12 ～とか ～라든가, ～든지, ～라느니, ～라던가 하는

의미 여러가지 예를 제시하거나 문장 뒤에 붙어 불확실한 내용을 전달한다.

1 예시

- A「デパートで何(なに)か買(か)いましたか。」
  B「ええ、コートとかネクタイとか、いろいろ買(か)いました。」

2 불확실한 내용

- 山田(やまだ)さんは風邪(かぜ)を引(ひ)いたとかで、学校(がっこう)を休(やす)んだそうだ。
- 中村(なかむら)さんは明日(あした)から出張(しゅっちょう)だとか言(い)っていた。

13 ～こそ ～야말로

의미 그것을 다른 것보다 특별하게 강조하여 나타낸다.

- こちらこそよろしくお願(ねが)いします。
- 今年(ことし)こそ合格(ごうかく)したい。

14 ～ずつ ～씩

의미 같은 수량이나 비율 등으로 반복되는 경우를 나타낸다.

- 少しずつ食(た)べる。
- みんなに3個(さんこ)ずつ配(くば)る。
- この薬(くすり)は朝夕(あさゆう)に二(ふた)つずつ飲(の)んでください。

MEMO

15 〜って ~라고

접속 동사·い형용사·な형용사의 보통형/명사+って

의미 주로 회화에서 사용하는 표현으로 '인용, 동격, 전달' 등의 다양한 의미를 나타낸다.

1 인용 〈어떠한 동작의 내용을 인용〉

- もっと勉強(べんきょう)しろって言(い)われた。 [って＝と → ~라고]

2 동격 〈뒤따르는 단어의 내용을 설명〉

- 川村(かわむら)って小説家(しょうせつか)、知(し)ってる？ [って＝という → ~라는]

3 전달 〈남에게서 들은 이야기를 전달〉

- ニュースでは雨(あめ)は降(ふ)らないって。 [って＝そうだ → ~라고 한다]

연습문제 43

問題　つぎの文の（　　）に入れるのに最もよいものを１・２・３・４から一つえらびなさい。

1　牛乳（　　　）チーズを作ります。

1 にも　**2** から　**3** ほど　**4** しか

2　A「今度の週末、よかったらいっしょに食事（　　　）しませんか。」
B「あ、いいですね。そうしましょう。」

1 では　**2** でも　**3** には　**4** にも

3　かばんはそこ（　　　）おいてください。

1 と　**2** は　**3** に　**4** を

4　交通事故（　　　）道が込んでいます。

1 と　**2** に　**3** で　**4** を

5　運動（　　　）最高のストレス解消法であるとよく言われる。

1 しか　**2** こそ　**3** だけ　**4** には

6　この本は水曜日（　　　）かえしてください。

1 までで　**2** まで　**3** にまで　**4** までに

7　A「中野さんは今日もアルバイトがあるんですか。」
B「今日はない（　　　）言っていましたよ。」

1 か　**2** って　**3** のを　**4** のだ

8　近くに銀行がある（　　　）どうか分かりません。

1 で　**2** を　**3** や　**4** か

9　毎年２回（　　　）海外旅行をしています。

1 ぐらい　**2** しか　**3** ごろ　**4** など

10　この薬は一日（　　　）２回、朝晩飲んでください。

1 に　**2** も　**3** で　**4** は

PART 15 연습문제 44

問題 つぎの文の（　　）に入れるのに最もよいものを１・２・３・４から一つえらびなさい。

1　健康(けんこう)のため、毎日少し（　　　）たばこをへらしている。

1 まで　　2 に　　3 とか　　4 ずつ

2　友だちと電話（　　　）話しました。

1 で　　2 に　　3 を　　4 と

3　引(ひ)き出(だ)しの中にはボールペン（　　　）えんぴつ（　　　）が入っています。

1 や / や　　2 など / など　　3 し / し　　4 とか / とか

4　急(いそ)いでいる（　　　）、すぐ帰ります。

1 でも　　2 にも　　3 ので　　4 まで

5　今日は朝から仕事が忙しくて、食事をする時間もない（　　　）だった。

1 おかげ　　2 くらい　　3 はず　　4 だけ

6　A「ねえ、（　　　）どんな人？」
B「やさしくていい人だよ。」

1 山口(やまぐち)さんが　　2 山口(やまぐち)さんで　　3 山口(やまぐち)さんって　　4 山口(やまぐち)さんでも

7　来週のパーティーに参加(さんか)する（　　　）明日までにお知らせください。

1 かと　　2 とか　　3 ように　　4 かどうか

8　明日は午後３時（　　　）私のところに来てください。

1 での　　2 までに　　3 とも　　4 にも

9　山下(やました)君は試験が近い（　　　）、まだぜんぜん勉強していません。

1 のに　　2 ても　　3 より　　4 なら

10　A「体に気をつけてくださいね。」
B「あなた（　　　）お体に気をつけて。」

1 だけ　　2 より　　3 こそ　　4 ぐらい

연습문제 ㊺

問題 つぎの文の ＿★＿ に入るのに最もよいものを１・２・３・４から一つえらびなさい。

1 彼女が試験 ＿＿ ＿＿ ＿★＿ ＿＿ 分かりません。

1 どうか　2 合格(ごうかく)した　3 に　4 か

2 わたしはドイツ語が ＿＿ ＿＿ ＿★＿ ＿＿ 話しました。

1 英語　2 わからない　3 ので　4 で

3 インターネットで注文したスカートは、＿＿ ＿＿ ＿★＿ ＿＿ 着てみるとちょうどよかった。

1 サイズが　2 不安だったが　3 合うか　4 どうか

4 あしたは ＿＿ ＿＿ ＿★＿ ＿＿ 行きませんか。

1 に　2 遊び　3 ひまだ　4 から

5 この山 ＿＿ ＿＿ ＿★＿ ＿＿ が見られます。

1 雪　2 では　3 でも　4 夏

6 あの人は ＿＿ ＿＿ ＿★＿ ＿＿ 薬をたくさん飲んでいます。

1 病気　2 では　3 ない　4 のに

7 今から一人ずつ名前を ＿＿ ＿＿ ＿★＿ ＿＿ してくださいね。

1 人は　2 返事を　3 呼ばれた　4 呼びますから

8 昨日 ＿＿ ＿＿ ＿★＿ ＿＿、今日は足がいたいです。

1 たくさん　2 した　3 運動　4 ので

9 今日は、久しぶりに家族 ＿＿ ＿＿ ＿★＿ ＿＿ 過ごした。

1 を　2 で　3 楽しい一日　4 ４人

10 A「中山(なかやま)さん。いつ来たんですか。」
B「昨日＿＿ ＿＿ ＿★＿ ＿＿ 着いたんです。」

1 の　2 こちら　3 夜　4 に

해석보기

PART16

조사의 응용

01 ～ほど ～정도

02 ～ほど～ない ～만큼 ～하지 않는다

03 ～ば～ほど ～하면 ～할수록

04 ～だけ ①～뿐, ～만 ②～정도, ～만큼

05 ～だけで(は)なく ～뿐만 아니라

06 ～しか ～밖에

07 ～など ～등

08 ～ばかり ～뿐, ～만

09 ～たばかりだ (막) ～한 참이다

10 ～てばかり ～하고만

11 ～ばかりでなく ～뿐만 아니라

12 ～さえ ～조차

13 ～さえ～ば ～만 ～하다면

14 ～ながら ①～하면서 ②～이지만, ～이면서

MEMO

조사의 응용

조사를 좀 더 심도 있게 표현한 조사 관련 문형들을 살펴보기로 한다.

01 ～ほど ～정도

접속 동사･い형용사의 사전형＋ほど, な형용사의 어간＋な＋ほど, 명사＋ほど

1 대략적인 수량

의미 수량을 나타내는 표현 뒤에 붙어서 대략적인 수량의 정도를 나타낸다. 「～くらい/ぐらい」와 같은 의미이다.

- あと一時間(いちじかん)ほどで帰(かえ)ります。
- ３万円(さんまんえん)ほどあれば、ほしいカメラが買(か)えるのだが。

2 동작이나 상태의 예시

의미 동작이나 상태를 예를 들어 나타낸다.

- やらなければならない仕事(しごと)が山(やま)ほどあって大変(たいへん)だ。
- ひどく疲(つか)れていて食事(しょくじ)もできないほどだ。

02 ～ほど～ない ～만큼 ～하지 않는다

접속 명사＋ほど～ない

의미 어떤 일의 정도를 비교하는 기준을 나타내며, 뒤에 부정이 따른다.

- 今日(きょう)は昨日(きのう)ほど寒(さむ)くないです。
- 今年(ことし)の試験(しけん)は去年(きょねん)ほど難(むずか)しくなかった。

MEMO

03 ～ば～ほど ～하면 ～할수록

접속 동사 ば형+동사 사전형+ほど, い형용사 어간+ければ+い형용사 사전형+ほど,
な형용사 어간+なら(ば)+な형용사 어간+な+ほど,
명사+であれば+명사+である+ほど

의미 어느 한 쪽의 정도가 강해지면 다른 한 쪽도 정도가 강해진다는 의미를 나타낸다.

- この本(ほん)は読(よ)めば読(よ)むほどおもしろくなる。
- 手紙(てがみ)の返事(へんじ)を出(だ)すのは早(はや)ければ早(はや)いほどいい。

04 ～だけ ①～뿐, ～만 ②～정도, ～만큼

접속 동사·い형용사·な형용사의 명사수식형/명사+だけ

의미 '～뿐, ～만'으로 범위를 한정하거나, '～정도, ～만큼'으로 정도를 강조하여 나타낸다.

1 ～뿐, ～만 〈범위 한정〉

- 二人(ふたり)だけで話(はな)したいことがあります。
- 残(のこ)りはこれだけです。

2 ～정도, ～만큼 〈정도의 강조〉

- これだけあれば十分(じゅうぶん)だ。
- ほしいだけ持(も)って帰(かえ)ってください。

05 ～だけで(は)なく ～뿐만 아니라

접속 동사·い형용사·な형용사의 명사수식형/명사+だけで(は)なく

의미 그것뿐 아니라 다른 것도 더 있다는 추가의 의미를 갖는 문형이다. 뒤에 오는 내용을 더 강조하고 싶을 때에 사용한다.

- 彼(かれ)はピアノだけではなくギターもひくことができる。
- まりこさんは英語(えいご)だけでなくフランス語(ご)も話(はな)します。

MEMO

06 ～しか ～밖에

접속 주로 명사 뒤에 붙는다.

의미 어떤 내용을 거론하여 그것 이외의 모든 것을 부정할 때 사용한다. 수량에 붙을 때는 아주 조금이라는 의미가 포함된다.

- やるなら今(いま)しかない。
- 試験(しけん)まであと一週間(いっしゅうかん)しかない。
- お金(かね)が少(すこ)ししかありません。

07 ～など ～등

접속 명사+など

의미 많은 내용 중에서 주된 것을 예를 들어 제시할 때 사용한다. 「～や～や～など」의 형태로 사용하는 경우가 많다.

- 東京(とうきょう)には大(おお)きなビルやホテル、車(くるま)などがたくさんあります。
- 休(やす)みの日(ひ)は本(ほん)を読(よ)むなどして過(す)ごします。

08 ～ばかり ～뿐, ～만

접속 동사·い형용사·な형용사의 명사수식형/명사+ばかり

의미 어떠한 범위를 한정하는 의미를 나타낸다. 「～だけ」와 비슷한 의미를 갖는다.

- 毎日雨(まいにちあめ)ばかり降(ふ)っています。
- この本(ほん)には知(し)らないことばかり書(か)いてある。

MEMO

09 ～たばかりだ (막) ~한 참이다

접속 동사의 た형+ばかりだ

의미 그 동작이 완료된 지 시간이 얼마 지나지 않았다는 것을 나타낸다.

- 今(いま)ご飯(はん)ができたばかりです。
- 日本(にほん)に来(き)たばかりのころはとてもさびしかった。

10 ～てばかり ~하고만

접속 동사의 て형+ばかり

의미 어떠한 범위를 한정하는 의미를 나타낸다. 특히 어떠한 동작만을 하는 경우에 사용한다.

- あの人(ひと)はいつも怒(おこ)ってばかりいる。
- テレビを見(み)てばかりいると、目(め)が悪(わる)くなりますよ。

11 ～ばかりでなく ~뿐만 아니라

접속 동사·い형용사·な형용사의 명사수식형/명사+ばかりでなく

의미 그것뿐 아니라 다른 것도 더 있다는 추가의 의미를 갖는다. 「ばかりでなく」 뒤에 오는 내용을 강조하고 싶을 때에 사용한다.

- あのレストランは高(たか)いばかりでなく味(あじ)もよくない。
- 雨(あめ)ばかりでなく風(かぜ)まで吹(ふ)いてきた。

12 ～さえ ~조차

접속 명사+さえ

의미 극단적인 사항을 예로 들어 다른 경우도 당연히 그러할 것이라고 예상하도록 유도하는 표현이다.

- 仕事(しごと)が忙(いそが)しくて、食事(しょくじ)をする時間(じかん)さえない。
- 疲(つか)れて、立(た)っていることさえできなかった。

MEMO

13 ～さえ～ば ~만 ~하다면

접속 명사+さえ+동사·い형용사·な형용사·명사의 ば형

의미 그 조건만 갖추어지면 뒤에 오는 상태가 성립된다는 의미를 나타낸다.

- 天気さえよければ、楽しいハイキングになるだろう。
- 熱さえ下がれば、もう大丈夫です。

14 ～ながら ①~하면서 ②~이지만, ~이면서

다음과 같은 다양한 의미를 지니고 있는 표현이므로, 표현 의도에 유의하도록 한다.

1 ~하면서 〈동작의 동시 진행〉

접속 동사의 ます형+ながら

의미 두 동작이 동시에 이루어지는 것을 나타낸다.

- 楽しく話しながら、道を歩く。
- 音楽を聞きながらコーヒーを飲む。

2 ~이지만, ~이면서 〈역접〉

접속 동사의 ます형/い형용사 사전형/な형용사 어간/명사+ながら

의미 「～のに(~지만)」와 같은 역접의 의미를 나타낸다.

- 学生ながら読書もしない。
- 貧しいながら家族みんな幸せに暮らしている。

PART 16 연습문제 ㊻

問題 つぎの文の（　　）に入れるのに最もよいものを１・２・３・４から一つえらびなさい。

1 試験に合格して涙(なみだ)が出る（　　　）うれしかった。

1 だけ　　2 こそ　　3 ほど　　4 ので

2 あの映画は（　　　）みるほどおもしろい。

1 みよう　　2 みれば　　3 みて　　4 み

3 たくさん買い物したので、財布(さいふ)に 200 円 (　　　) 残っていなかった。

1 では　　2 しか　　3 ぐらい　　4 だけ

4 読書は、学校（　　　）家庭での指導(しどう)も大切だ。

1 おかげで　　2 ばかりで　　3 だけでなく　　4 なので

5 図書館から借(か)りた本は１さつ（　　　）です。

1 こそ　　2 より　　3 だけ　　4 しか

6 最近はあまり漢字を書かないから、簡単な漢字（　　　）間違(まちが)えてしまうことがある。

1 こそ　　2 さえ　　3 だけ　　4 なら

7 うちの子はまんが（　　　）読んで勉強しません。

1 しか　　2 ばかり　　3 ながら　　4 ずつ

8 このケーキは材料を混(ま)ぜて焼(や)く（　　　）から、だれでも簡単に作れる。

1 だけだ　　2 ことだ　　3 せいだ　　4 ときだ

9 車に乗って（　　　）いると、運動不足(うんどうぶそく)になりやすいです。

1 ばかり　　2 までに　　3 しか　　4 ながら

10 森(もり)　「山田さん。歌が上手ですね。」
山田(やまだ)　「歌はすきですが、中村(なかむら)さんほど（　　　）。」

1 じょうずです　　2 じょうずではありません

3 へたです　　4 うまいです

PART 16 연습문제 47

問題 つぎの文の（　　）に入れるのに最もよいものを１・２・３・４から一つえらびなさい。

1　娘(むすめ)は自分の部屋の掃除（　　）しない。

1 ほど　2 のに　3 さえ　4 より

2　留学中は、楽しいこと（　　）、大変なこともたくさんあったが、とてもいい経験になったと思う。

1 ばかりでなく　2 だけなのに　3 ばかりだから　4 だけで

3　彼はひま（　　）あれば将棋(しょうぎ)の本ばかり読んでいる。

1 こそ　2 さえ　3 しか　4 ほど

4　忙しいとは言い（　　）楽しく過(す)ごしている。

1 ながら　2 によって　3 けれども　4 から

5　今年の冬は、去年の冬（　　）さむくありません。

1 でも　2 しか　3 ほど　4 ごろ

6　寒さで野菜（　　）の値段(ねだん)があがった。

1 ほど　2 など　3 しか　4 より

7　さっき起きた（　　）で、まだねむいです。

1 しか　2 ほう　3 さえ　4 ばかり

8　車を運転（　　）電話をかけているのは危険だ。

1 しながら　2 してから　3 さえすれば　4 するまでに

9　仕事において上司(じょうし)と合わず、ストレスはたまる一方だ。これでは会社を（　　）だろう。

1 やめるしかない　2 やめたにすぎない

3 やめただけではない　4 やめるべきではない

10　（不動産屋(ふどうさんや)で）

客　「駅に近くて安い部屋を探しているんですが。」

店員「うーん、ちょっと難しいですね。駅に（　　）近いほど、高くなりますので。」

1 近くて　2 近いから　3 近くても　4 近ければ

PART 16 연습문제 ㊽

問題 つぎの文の ＿★＿ に入るのに最もよいものを１・２・３・４から一つえらびなさい。

1 東京(とうきょう)や ＿＿＿ ＿＿＿ ＿★＿ ＿＿＿ には地下鉄があります。

1 大阪(おおさか)　**2** の　**3** 大都市(だいとし)　**4** など

2 水野(みずの)君は ＿＿＿ ＿＿＿ ＿★＿ ＿＿＿ 勉強している。

1 ドイツ語　**2** 英語だけで　**3** なく　**4** も

3 弟 ＿＿＿ ＿＿＿ ＿★＿ ＿＿＿ ぜんぜん勉強しません。

1 見て　**2** テレビ　**3** は　**4** ばかり

4 買った ＿＿＿ ＿＿＿ ＿★＿ ＿＿＿ なくしてしまった。

1 ばかり　**2** 時計　**3** を　**4** の

5 お酒 ＿＿＿ ＿＿＿ ＿★＿ ＿＿＿、そんなに問題にはなりません。

1 さえ　**2** は　**3** 飲みすぎ　**4** しなければ

6 彼女はパーティーの ＿＿＿ ＿＿＿ ＿★＿ ＿＿＿ くれなかった。

1 知って　**2** 教えて　**3** いながら　**4** 場所を

7 おなかの調子(ちょうし)がよく ＿＿＿ ＿＿＿ ＿★＿ ＿＿＿ 食べました。

1 なかった　**2** だけ　**3** ので　**4** 半分

8 そのことを知って ＿＿＿ ＿＿＿ ＿★＿ ＿＿＿ いない。

1 しか　**2** いる　**3** 彼　**4** のは

9 まだ冬なのに今日は ＿＿＿ ＿＿＿ ＿★＿ ＿＿＿ 一日だった。

1 いらない　**2** ほど　**3** コートが　**4** 暖かい

10 この問題に ＿＿＿ ＿＿＿ ＿★＿ ＿＿＿ 分からなくなってくる。

1 ほど　**2** 考える　**3** 考えれば　**4** ついては

해석보기

PART17

부사

1 부사란?

2 조건을 강조하는 부사

01 もし 만약, 만일, 설령

02 どんなに 아무리 (~해도)

03 いくら 아무리 (~하더라도)

04 たとえ 비록 (~해도), 가령 (~할지라도)

3 추측이나 판단을 강조하는 부사

01 いまにも 당장이라도, 금세라도

02 たぶん 아마

03 まるで 마치

04 もしかすると・もしかしたら 어쩌면, 혹시

05 きっと 틀림없이, 반드시

06 ぜひ 꼭, 반드시

4 부정의 표현과 호응하는 부사

01 あまり ①너무〈긍정〉 ②별로〈부정〉

02 まったく ①완전히, 전적으로〈긍정〉 ②전혀〈부정〉

03 ほとんど ①거의〈긍정〉 ②거의〈부정〉

04 なかなか ①상당히, 매우〈긍정〉 ②좀처럼〈부정〉

05 決(けっ)して 결코, 절대로

06 めったに 좀처럼, 거의

07 必(かなら)ずしも 반드시, 꼭

MEMO

1 부사란?

형용사, 부사, 동사를 수식하는 단어를 '부사'라고 한다. 부사는 상태를 나타내는 경우, 정도를 나타내는 경우, 그리고 문장의 수식관계를 나타내는 경우가 있다. 본서에서는 부사에 따라 특정한 표현을 요구하는 문장의 수식관계(호응관계)를 중심으로 살펴보기로 한다.

2 조건을 강조하는 부사

01 もし 만약, 만일, 설령

의미 어떤 일을 가정하여 나타내는 대표적인 표현이다. 뒤에 「ば・たら・なら」 등의 표현과 호응한다.

- もし、雨(あめ)が降(ふ)ったら行(い)きません。
- もし、私(わたし)があなたならそんなことはしないだろう。

02 どんなに 아무리 (~해도)

의미 어떤 상태나 조건 등에 영향을 받지 않는 모습을 나타낸다. 뒤에 「~ても」와 같은 표현이 온다

- どんなに練習(れんしゅう)しても、テニスがうまくなりません。
- 彼女(かのじょ)はどんなに忙(いそが)しくても毎日日記(まいにちにっき)を書(か)く。

MEMO

03 いくら 아무리 (~하더라도)

의미 수량이나 정도가 심하다는 강조표현의 하나로, 뒤에 「~ても」와 같은 표현이 온다.

- いくらたくさん食(た)べても、彼女(かのじょ)は体重(たいじゅう)が増(ふ)えない。
- 帰宅(きたく)はいくら早(はや)くても7時(しちじ)になる。

04 たとえ 비록 (~해도), 가령 (~할지라도)

의미 어떤 조건을 가정하고, 그 조건 아래에서도 결과가 변하지 않는 경우를 나타낸다. 뒤에 「~ても」와 같은 표현이 온다.

- たとえ雨(あめ)が降(ふ)っても行(い)かなければならない。
- たとえ両親(りょうしん)が反対(はんたい)しても私(わたし)は留学(りゅうがく)したい。

3 추측이나 판단을 강조하는 부사

01 いまにも 당장이라도, 금세라도

의미 눈앞에서 무언가가 바로 일어날 듯한 상황을 나타낸다. 「~そうだ」, 「~かもしれない」와 같은 표현이 뒤따른다.

- いまにも雨(あめ)が降(ふ)り出(だ)しそうな天気(てんき)だ。
- 彼女(かのじょ)は疲(つか)れて、いまにも倒(たお)れそうだった。

MEMO

02 たぶん 아마

의미 단정할 수 없지만, 그럴 가능성이 높다는 화자의 기분을 나타낸다. 주로 「～だろう」와 호응하여 사용된다.

- たぶん彼(かれ)は来(こ)ないだろう。
- 彼(かれ)が言(い)ったことは、たぶん本当(ほんとう)だろう。

03 まるで 마치

의미 뒤에 오는 내용과 거의 비슷한 느낌을 준다는 의미를 나타낸다. 「～ようだ」, 「～みたいだ」와 같은 예시표현과 호응하는 경우가 많다.

- 彼(かれ)はまるでお金持(かねも)ちのように暮(く)らしている。
- 彼女(かのじょ)はまるで小(ちい)さな子(こ)どものように泣(な)いた。

04 もしかすると・もしかしたら 어쩌면, 혹시

의미 어떠한 가능성이 있다는 의미를 나타낸다. 「～かもしれない」와 호응하여 사용하는 경우가 많다.

- もしかすると彼(かれ)は中国語(ちゅうごくご)が話(はな)せるかもしれない。
- もしかしたら彼(かれ)は来(こ)ないかもしれない。

05 きっと 틀림없이, 반드시

의미 자신의 추측이 실현될 가능성이 높다는 확신을 나타낸다. 「～だろう」와 함께 쓰는 경우가 많다.

- 彼女(かのじょ)はきっと試験(しけん)に合格(ごうかく)する。
- 明日(あした)はきっと大雨(おおあめ)が降(ふ)るだろう。

MEMO

06 ぜひ 꼭, 반드시

의미 부탁이나 희망을 나타내며, 「～てほしい」, 「～てください」, 「～たい」 등과 함께 사용한다. 어떤 일의 실현을 간절히 희망하는 경우에 사용한다.

- ぜひまた遊びに来てください。
- 今度の試験にはぜひ合格したい。

4 부정의 표현과 호응하는 부사

01 あまり ①너무〈긍정〉 ②별로〈부정〉

1 너무 〈긍정〉

의미 정도가 예상보다 심한 모습을 나타낸다.

- あまり働きすぎると病気になりますよ。

2 별로 〈부정〉

의미 정도가 예상에 미치지 못하는 모습을 나타낸다. 뒤에 부정이 따른다.

- 彼はあまり本を読まない。
- 弟は最近テレビばかり見て、あまり勉強しません。

02 まったく ①완전히, 전적으로〈긍정〉 ②전혀〈부정〉

1 완전히, 전적으로 〈긍정〉

의미 뒤에 오는 상태가 완벽하다는 의미를 나타낸다.

- あなたはまったく正しい。

MEMO

2 전혀 〈부정〉

의미 매우 강한 부정의 의미를 나타낸다. 「決(けっ)して(결코), 全然(ぜんぜん)(전혀)」과 비슷한 표현이다.

- 私(わたし)はまったく泳(およ)げません。
- 彼(かれ)はその知(し)らせをまったく知(し)らなかった。

03 ほとんど ①거의〈긍정〉 ②거의〈부정〉

1 거의 〈긍정〉

의미 전부는 아니지만 대부분이 그러하다는 느낌을 나타낸다.

- 風邪(かぜ)はほとんど治(なお)った。
- ビルはほとんど完成(かんせい)した。

2 거의 〈부정〉

의미 부정의 표현을 유도하여, 완전히 그렇다고 말해도 좋을 정도라는 느낌을 나타낸다.

- 彼(かれ)は友(とも)だちがほとんどいない。
- 私(わたし)はもうほとんど歩(ある)けない。

04 なかなか ①상당히, 매우〈긍정〉 ②좀처럼〈부정〉

1 상당히, 매우 〈긍정〉

의미 정도가 예상을 넘어서는 모습을 나타낸다.

- なかなかおもしろい映画(えいが)ですね。
- この問題(もんだい)はなかなか難(むずか)しい。

2 좀처럼 〈부정〉

의미 뒤에 부정의 표현이 따르는 경우, 생각대로 쉽게 진행되지 않는다는 느낌을 표현한다.

- 風邪(かぜ)がなかなか治(なお)らない。
- タバコはなかなかやめられない。

MEMO

05 決(けっ)して 결코, 절대로

의미 어떤 일이 있어도 그렇지 않을 것이라는 강한 확신을 나타낸다. 뒤에는 부정의 표현이 따른다.

- ご親切(しんせつ)は決(けっ)して忘(わす)れません。
- 決(けっ)して負(ま)けるな。

06 めったに 좀처럼, 거의

의미 매우 드물게 그러한 일이 발생한다는 의미를 나타낸다. 뒤에 부정의 표현이 따른다.

- 彼(かれ)はめったに風邪(かぜ)をひきません。
- 山本先生(やまもとせんせい)はめったに笑(わら)わない。

07 必(かなら)ずしも 반드시, 꼭

의미 절대로 그렇다고는 단정할 수 없다는 의미를 나타낸다. 뒤에 부정의 말이 따른다.

- 高(たか)い時計(とけい)が必(かなら)ずしもよい時計(とけい)だとは言(い)えない。
- 君(きみ)は必(かなら)ずしも間違(まちが)ってはいない。

PART 17 연습문제 ㊾

問題 つぎの文の（　　）に入れるのに最もよいものを１・２・３・４から一つえらびなさい。

1 よい本が（　　）売(う)れるのではない。

1 たとえ　**2** かならずしも　**3** ぜんぜん　**4** もし

2 この国には（　　）地震(じしん)がないという。

1 いまにも　**2** もし　**3** ぜひ　**4** ほとんど

3 強い風が吹いている。木が（　　）折(お)れそうだ。

1 ずいぶん　**2** いまにも　**3** もし　**4** あまり

4 あの二人は（　　）ほんとうの親子(おやこ)のようだ。

1 あまり　**2** かならずしも　**3** たとえ　**4** まるで

5 いくら年を（　　）まだテニスをする元気はある。

1 とるなら　**2** とったので　**3** とっても　**4** とっては

6 たとえどんなに（　　）、彼女は毎日絵をかいている。

1 忙しくても　**2** 忙しいなら　**3** 忙しければ　**4** 忙しいのに

7 お疲れのようですね。（　　）働き過ぎですよ。

1 けっして　**2** ぜひ　**3** たとえ　**4** きっと

8 山下(やました)さんはあまり勉強（　　）のに、いつも成績(せいせき)がいいです。

1 する　**2** した　**3** しない　**4** している

9 どんなに（　　）よいから、自分の家がほしい。

1 小さくても　**2** 小さくて　**3** 小さければ　**4** 小さいのに

10 A「昨日は雨がたくさん降りましたか。」

B「いいえ、（　　）降りませんでした。」

1 ぜんぶ　**2** いまにも　**3** もし　**4** あまり

PART 17 연습문제 50

問題 つぎの文の（　　）に入れるのに最もよいものを１・２・３・４から一つえらびなさい。

1　私は（　　　）うそはついていません。信じてください。

1 ときどき　2 もしかすると　3 いまにも　4 けっして

2　彼はやさしい人で、（　　　）怒らない。

1 たぶん　2 ぜひ　3 めったに　4 はじめに

3　早くうちに帰りたいのに、バスが（　　　）来なかった。

1 ぜひ　2 いくら　3 わざわざ　4 なかなか

4　（電話で）

配達員　「お荷物のお届けですが、明日の午後５時ごろでいかがですか。」

客　「その時間は（　　　）家にいると思います。よろしくお願いします。」

1 たぶん　2 そんなに　3 もし　4 かならずしも

5　おもしろい映画だと聞いたので、（　　　）見たいです。

1 たぶん　2 そんなに　3 ぜひ　4 もし

6　（　　　）魚がきらいなら、のこしてもいいですよ。

1 もし　2 たとえ　3 たぶん　4 きっと

7　（　　　）がんばっても今週中に仕上げるのは無理です。

1 いくら　2 ぜひ　3 いまにも　4 めったに

8　寒いですから、（　　　）明日は雪になるかもしれませんね。

1 もし　2 もしかすると　3 まるで　4 かならずしも

9　彼は（　　　）お酒を飲んだような顔をしています。

1 まるで　2 けっして　3 いまにも　4 ぜひ

10　花子は先生にしかられて、（　　　）泣き出しそうだった。

1 たぶん　2 いまにも　3 ずいぶん　4 やっと

PART 17 연습문제 ㊿

問題 つぎの文の ＿★＿ に入るのに最もよいものを１・２・３・４から一つえらびなさい。

1　この店はとうふの料理が ＿＿＿ ＿＿＿ ＿★＿ ＿＿＿ みてください。

1 有名な　　2 ぜひ　　3 ので　　4 食べて

2　もし、ここに ＿＿＿ ＿＿＿ ＿★＿ ＿＿＿ 何に使いますか。

1 あった　　2 100万円　　3 と　　4 したら

3　私は ＿＿＿ ＿＿＿ ＿★＿ ＿＿＿ わからなかった。

1 彼女の　　2 ことが　　3 言う　　4 ほとんど

4　おいしそうに見える ＿＿＿ ＿＿＿ ＿★＿ ＿＿＿ 言えない。

1 食べ物が　　2 とは　　3 必ずしも　　4 おいしい

5　道がこんでいるので、たぶんタクシー ＿＿＿ ＿＿＿ ＿★＿ ＿＿＿ でしょう。

1 速い　　2 地下鉄の　　3 ほうが　　4 より

6　彼はまるで ＿＿＿ ＿＿＿ ＿★＿ ＿＿＿ 話す。

1 何でも　　2 いる　　3 ように　　4 知って

7　空が暗い。このままだと、もしかしたら ＿＿＿ ＿＿＿ ＿★＿ ＿＿＿ しれない。

1 午後には　　2 降る　　3 かも　　4 雨が

8　ネットで評判（ひょうばん）があまりよくなかったので ＿＿＿ ＿＿＿ ＿★＿ ＿＿＿ と思う。

1 心配していたが　　2 見てよかった

3 なかなかおもしろい　　4 映画で

9　彼女は ＿＿＿ ＿＿＿ ＿★＿ ＿＿＿ と思う。

1 めったに　　2 歌う　　3 歌わないが　　4 今夜は

10　その仕事が ＿＿＿ ＿＿＿ ＿★＿ ＿＿＿ つもりです。

1 難しくても　　2 みる　　3 やって　　4 どんなに

해석보기

PART18

접속사

MEMO

1 접속사란?

단어와 단어, 문장과 문장을 이어 주는 말을 '접속사'라고 한다. 그 역할에 따라 순접, 역접, 첨가, 선택 등으로 나눌 수 있다. 순접이나 역접은 종류가 많기 때문에 특히 주의하여 숙지하도록 한다.

1 순접

앞문장의 내용을 원인으로 하여 뒷문장의 결과로 유도하거나, 순차적으로 자연스럽게 뒷문장으로 연결하는 접속사를 말한다.

だから 그러니까 **したがって** 따라서 **それで** 그래서 **すると** 그러자

2 역접

앞에서 제시한 내용과 서로 반대되는 내용이거나, 그와 일치하지 않는 내용이 뒷문장에 오는 경우에 사용한다.

しかし 그러나 **けれども** 그렇지만 **だが** 하지만 **ところが** 그렇지만
それなのに 그런데도 **それでも・でも** 그래도

3 첨가·추가

문장과 문장을 대등하게 나열하거나, 뒷문장에 새로이 덧붙이는 경우에 사용한다.

それに 게다가 **そのうえ** 게다가

4 이유 설명

이유를 유도한다.

なぜなら 왜냐하면

5 전환

화제를 바꾸거나 발전시킬 때 사용하는 경우를 말한다.

それでは・では 그러면 **ところで** 그런데

6 선택

앞부분과 뒷부분의 내용 중 어느 쪽인가를 선택하는 경우에 사용한다.

または 또는, 아니면 **それとも** 아니면, 그렇지 않으면

MEMO

2 순접

01 だから 그러니까

의미 앞에 서술한 내용이 뒤에 오는 내용의 원인·이유가 된다. 「だから」는 원인을 나타내는 접속사 중에서도 회화에서 자주 사용한다.

- もうすぐ試験(しけん)です。だから、もっと勉強(べんきょう)しなさい。
- 今日(きょう)は一日中(いちにちじゅう)忙(いそが)しかった。だからとても疲(つか)れている。

02 したがって 따라서

의미 앞에 서술한 내용이 뒤에 오는 내용의 원인·이유가 된다. 회화보다는 문장에서 주로 사용된다.

- 大都市(だいとし)は車(くるま)が多(おお)い。したがって、事故(じこ)も多(おお)い。
- 雨(あめ)が激(はげ)しくなってきた。したがって、試合(しあい)は中止(ちゅうし)された。

03 それで 그래서

의미 「それで」는 주로 원인과 결과를 객관적으로 나타내는 느낌이 강하므로, 뒤에는 명령이나 의지가 아닌 사실이 와야 한다.

- ゆうべ遅(おそ)くまで起(お)きていた。それで今日(きょう)はとても眠(ねむ)い。
- 国(くに)から両親(りょうしん)が来(き)た。それで駅(えき)へ迎(むか)えに行(い)った。

MEMO

04 すると ① 그러자, 그랬더니 ② 그러면, 그렇다고 한다면

1 그러자, 그랬더니 〈순차적 사실〉

의미 앞에서 서술한 일이 발생한 후에, 그 결과로서 어떠한 일이 이어서 바로 발생하는 경우에 사용된다. 「すると」의 기본적인 용법이다.

- ドアを開けた。すると、涼しい風が入ってきた。

2 그러면, 그렇다고 한다면 〈판단의 유도〉

의미 앞에서 서술한 내용을 근거로 하여 간단하게 생각할 수 있는 사실을 서술하는 경우에 사용한다.

- A:「図書館は毎週火曜日が休みですよ。」
  B:「今日は火曜日ですね。すると図書館は休みですね。」

3 역접

01 しかし 그러나

의미 가장 대표적인 역접표현이다.

- あまり行きたくない。しかし、行かなければならない。
- 給料が上がった。しかし、生活は少しもよくならない。

02 けれども 그렇지만

의미 역접표현으로 회화에서 많이 사용한다. 「しかし」보다 회화적이며, 「けれど・けど・だけど」 등의 다양한 형태로 쓰인다.

- どうしてもわからない。けれども、やってみたい。
- 急いで駅まで走った。けれども、電車は出た後だった。

MEMO

03 だが 하지만

의미 역접표현으로, 「けれども」보다는 문장체적인 느낌을 주며, 「しかし」보다는 조금 회화체적인 느낌을 준다.

- 旅行に行きたい。だが、今は時間がない。
- 彼女は男性に親切だ。だが、女性には冷たい。

04 ところが 그렇지만, 그런데

의미 다른 역접표현과는 조금 다른데, 예상된 상황과는 다른 일이 발생했을 때 의외의 느낌을 담아 사용하는 경우가 많다. 뒷문장이 이미 발생한 과거의 일인 경우가 많다.

- 部長に電話した。ところが、会議中で話すことができなかった。
- 友だちが私と同じカメラを買った。ところが友だちのカメラは私のより安かった。

05 それなのに 그런데도

의미 다른 역접표현보다도 결과에 대한 유감, 놀람 등의 느낌이 강하다.

- 彼に何回も手紙を書いた。それなのに、一度も返事をくれない。
- それについて何回も説明をした。それなのに彼は理解できないようだ。

MEMO

06 それでも・でも 그래도

의미 어떤 일이 예상과는 달리 진행되거나, 당연하지 않은 일로 연결될 때 사용한다.
「それでも」를 줄여서 「でも」로 쓰기도 한다.

- 皆(みんな)が二人(ふたり)の結婚(けっこん)を反対(はんたい)した。それでも二人(ふたり)は結婚(けっこん)した。
- 風(かぜ)はやんだ。でも外(そと)はまだ寒(さむ)い。

4 첨가·추가

01 それに 게다가

의미 첨가의 의미를 지닌다.

- この店(みせ)は安(やす)い。それに味(あじ)がいい。
- プラスチックは丈夫(じょうぶ)で、それに、軽(かる)い。

02 そのうえ 게다가

의미 첨가의 의미를 나타낸다. 「それに」의 의미와 같다.

- 彼女(かのじょ)はかわいらしく、そのうえ、とても親切(しんせつ)だ。
- 今日(きょう)はとても寒(さむ)かった。そのうえ風(かぜ)が吹(ふ)いていた。

MEMO

5 이유 설명

01 なぜなら 왜냐하면

의미 이유를 설명하며, 뒤에 「～からだ」와 같은 단정적인 설명이 따르는 경우가 많다.

- 私は山に登る。なぜならそれがそこにあるからだ。
- 私は英語を勉強している。なぜならアメリカに留学したいからだ。

6 전환

01 ところで 그런데

의미 앞의 말과 다른 내용으로 문장의 흐름을 바꿀 때 사용하는 접속사이다. 주로 의문문에 사용한다.

- みなさん。おはようございます。ところで、今日は何の日か、知っていますか。
- もうすぐ夏休みだね。ところで、夏休みに田舎へ帰るの？

02 それでは・では 그럼, 그러면

의미 앞의 내용을 정리하면서 새로운 화제로 전환할 때 사용한다.

- それでは、明日の天気をお伝えします。
- 皆さん、いいですか。では次の問題に移りましょう。

MEMO

7 선택

01 または 또는, 아니면

의미 선택관계에 있는 내용을 나열한다.

- 黒(くろ)または青(あお)のボールペンで書(か)いてください。
- 結果(けっか)は電話(でんわ)で知(し)らせるか、またはメールを送(おく)ってください。

02 それとも 아니면, 그렇지 않으면

의미 어떤 것에 대해서, 또 다른 것을 제시하여 선택하는 경우에 사용한다. 뒤에 의문문이 오는 경우가 많으며, 회화체에서 자주 쓰인다.

- 歩(ある)いて行(い)きましょうか。それとも車(くるま)で行(い)きましょうか。
- コーヒーにしますか。それとも紅茶(こうちゃ)にしますか。

PART 18 연습문제 52

問題 つぎの文の（　　）に入れるのに最もよいものを１・２・３・４から一つえらびなさい。

1 部屋の中はとても暑かった。（　　　）エアコンをつけた。

1 それに　**2** それで　**3** しかし　**4** ところで

2 テレビをつけた。（　　　）、サッカーの試合(しあい)をしていた。

1 それでは　**2** それで　**3** すると　**4** なぜなら

3 彼は、今日までに私の本を返すと約束した。（　　　）まだ返してくれない。

1 それで　**2** それなのに　**3** そのうえ　**4** したがって

4 店の料理はひどくまずかった。（　　　）私は何も言わなかった。

1 なぜなら　**2** それでも　**3** だから　**4** または

5 A:「何を頼(たの)もうか。」

B:「うどんにするの、（　　　）そばにするの。」

1 けれども　**2** だから　**3** しかし　**4** それとも

6 中村(なかむら)さんはテニスがうまいですね。（　　　）サッカーの方は好きですか。

1 それで　**2** ところが　**3** ところで　**4** だから

7 雨が降っている。（　　　）風も吹(ふ)き出(だ)した。

1 それで　**2** そのうえ　**3** それとも　**4** それでは

8 いっしょうけんめい勉強した。（　　　）成績(せいせき)はよくなかった。

1 しかし　**2** それとも　**3** それで　**4** そのうえ

9 あの人はお金をたくさん持っている。（　　　）お金には困らない。

1 したがって　**2** ところで　**3** それでも　**4** それなのに

10 試験に失敗してしまった。（　　　）、私はあきらめるつもりはない。

1 だが　**2** それとも　**3** すると　**4** なぜなら

PART 18 연습문제 53

問題 つぎの文の（　　）に入れるのに最もよいものを１・２・３・４から一つえらびなさい。

1　上村さんは英語もできるし、（　　　）中国語もできます。

1 すると　　2 だから　　3 それなら　　4 それに

2　新しいかばんが欲しかったけれど買わなかった。（　　　）高かったからだ。

1 それで　　2 それに　　3 なぜなら　　4 だから

3　あの人、本当はひまなんですよ。（　　　）忙しいふりをしているんです。

1 それとも　　2 それで　　3 それなのに　　4 そのうえ

4　プレゼントをもらったので、すぐ開けてみた。（　　　）、中には何も入っていなかった。

1 または　　2 ところが　　3 そのうえ　　4 したがって

5　先生に聞いてみた。（　　　）先生も知らなかった。

1 けれども　　2 それとも　　3 それから　　4 そのうえ

6　A「プリンターが故障なんです。」

B「（　　　）、修理に出しましょう。」

1 それで　　2 それとも　　3 それでは　　4 それなのに

7　荷物は入り口の棚（　　　）窓側の棚においてください。

1 または　　2 それに　　3 しかし　　4 したがって

8　ゆうべは遅くまでテレビを見ていた。（　　　）今日はとても眠い。

1 それに　　2 それから　　3 たとえば　　4 だから

9　「レポート、やっと終わったよ。（　　　）食事はどうする？」

1 なぜなら　　2 ところで　　3 それなのに　　4 したがって

10　A「紅茶にしますか。（　　　）コーヒーにしますか。」

B「どっちでもけっこうですよ。」

1 それでも　　2 それでは　　3 それとも　　4 それなのに

연습문제 54

問題 つぎの文の ＿★＿ に入るのに最もよいものを１・２・３・４から一つえらびなさい。

1　このボタンを押してください。＿＿＿ ＿＿＿ ＿★＿ ＿＿＿ です。

1 はず　　2 すると　　3 ドアが　　4 開く

2　この辞書(じしょ)は説明が分かりやすいのでいい。＿＿＿ ＿＿＿ ＿★＿ ＿＿＿ のは問題だ。

1 字が　　2 だが　　3 小さくて　　4 読みにくい

3　私は連休(れんきゅう)にはあまり出かけません。なぜなら ＿＿＿ ＿＿＿ ＿★＿ ＿＿＿ です。

1 いる　　2 込んで　　3 どこも　　4 から

4　それでは ＿＿＿ ＿＿＿ ＿★＿ ＿＿＿、会議を始めたいと思います。

1 そろそろ　　2 なりました　　3 ので　　4 時間に

5　このケーキは、＿＿＿ ＿＿＿ ＿★＿ ＿＿＿ 食べるともっとおいしいです。

1 コーヒー　　2 紅茶(こうちゃ)と　　3 いっしょに　　4 または

6　私は外食(がいしょく)が多いです。だから家であまり ＿＿＿ ＿＿＿ ＿★＿ ＿＿＿ のです。

1 ない　　2 作る　　3 食事を　　4 必要が

7　ほとんど勉強できなかったので、今度のテストの結果(けっか)はよくないと思っていた。＿＿＿ ＿＿＿ ＿★＿ ＿＿＿ おどろいた。

1 ところが　　2 ので　　3 よかった　　4 とても

8　会議のために準備(じゅんび)をしなくてはならない。＿＿＿ ＿＿＿ ＿★＿ ＿＿＿ 集まらなければならない。

1 １時間　　2 したがって　　3 前に　　4 始まる

9　A「電車が前の駅で故障(こしょう)したそうですよ。」
B「あ、＿＿＿ ＿＿＿ ＿★＿ ＿＿＿ んですか。」

1 遅れて　　2 いる　　3 それで　　4 こんなに

10　彼は疲れていたが、＿＿＿ ＿＿＿ ＿★＿ ＿＿＿ くれた。

1 それでも　　2 仕事を　　3 手伝(てつだ)って　　4 私の

총정리문제 ③

問題1 つぎの文の（　　）に入れるのに最もよいものを1・2・3・4から一つえらびなさい。

1 みなさんが応援してくれた（　　）、試合に勝つことができたと思います。

1 せいで　2 おかげで　3 くせに　4 かわりに

2 日本に留学している（　　）京都へ行ってみたい。

1 あいだに　2 ところが　3 まえに　4 あいだ

3 試合に勝つ（　　）に毎日練習しています。

1 とおり　2 もの　3 こと　4 ため

4 子どもは注射を（　　）から、薬にしましょう。

1 いや　2 いやだ　3 いやがる　4 いやがらせる

5 （　　）みなさん、お疲れさまでした。

1 それでは　2 それとも　3 それなのに　4 それが

6 彼女は国内（　　）海外でも有名な歌手だ。

1 だらけで　2 として　3 はもちろん　4 にかぎって

7 お金もない（　　）、時間もないから、遊びに行けません。

1 も　2 し　3 や　4 で

8 彼女は（　　）学校に遅刻することはない。

1 めったに　2 きっと　3 たぶん　4 いまにも

9 わたしの部屋は兄の部屋（　　）広くない。

1 など　2 しか　3 ほう　4 ほど

10 彼の話は知っていること（　　　）で、あまりおもしろくなかったです。

1 ほと　2 しか　3 までに　4 ばかり

11 友だちの家に行きました。（　　　）、友だちはいませんでした。

1 けれども　2 だから　3 したがって　4 それでは

12 あと5分（　　　）ありません。急(いそ)ぎましょう。

1 ごろ　2 しか　3 だけ　4 より

13 近くまでいらっしゃった時は、（　　　）寄(よ)ってください。

1 まるで　2 もし　3 わざと　4 ぜひ

問題2 つぎの文の ＿★＿ に入るのに最もよいものを1・2・3・4から一つえらびなさい。

14 急(きゅう)に ＿＿＿ ＿＿＿ ＿★＿ ＿＿＿、かぜをひいている人が多い。

1 寒く　2 せいか　3 なって　4 きた

15 ちょっと難しいですが、「ね」＿＿＿ ＿＿＿ ＿★＿ ＿＿＿ ください。

1 という　2 こう　3 ひらがなは　4 書いて

16 花子(はなこ)さんの家は ＿＿＿ ＿＿＿ ＿★＿ ＿＿＿ ですか。

1 どの　2 ぐらい　3 から　4 駅

17 弟は ＿＿＿ ＿＿＿ ＿★＿ ＿＿＿、母によくしかられます。

1 勉強　2 しない　3 あまり　4 ので

18 その問題については ＿＿＿ ＿＿＿ ＿★＿ ＿＿＿ です。

1 調査（ちょうさ）　2 最中　3 を　4 している

問題3 つぎの文章（ぶんしょう）を読んで、文章全体（ぶんしょうぜんたい）の内容（ないよう）を考えて、 19 から 23 の中に入る最もよいものを、1・2・3・4から一つえらびなさい。

私は人が集まるところをきれいにするのが好きだ。自分の家 19 、自宅（じたく）前の道路（どうろ）や学校の教室などを片づけて回った。すごく楽しいのに恥（は）ずかしがり屋（や）で、人が見ていない時にやっていた。

こんな私なので、息子を遊ばせに行く公園がゴミ 20 なのがとても気になった。気になる 21 、人が通（とお）るたびに恥ずかしくて拾うことができない。

22 、タバコの吸いがらを口に入れようとする赤ちゃんや捨てられた空（あ）き缶（かん）で遊んでいる子どもを見て、心に決めた。子どもたちの育つ環境（かんきょう）を守（まも）るのに、恥ずかしがっている場合ではないと思った。

思い切ってお母さんたちに声をかけ、 23 とボランティア団体（だんたい）を作った。そして一年半、まだちょっと恥ずかしく思いながら、ママさんたちといっしょに公園掃除のボランティアを楽しんでいる。

19

1 ばかりで　2 はもちろん　3 にくらべて　4 にとって

20

1 だらけ　2 だけ　3 しか　4 まで

21

1 かわりに　2 ついでに　3 とおりに　4 くせに

22

1 なぜなら　2 ところが　3 それで　4 それとも

23

1 家を掃除しよう　2 タバコをやめよう

3 公園をきれいにしよう　4 いっしょに遊びましょう

부록

- 모의테스트 1회~2회
- N3 필수문법
- 예문 해석
- 해답

해석보기

모의테스트 1회

問題1　つぎの文の（　　　）に入れるのに最もよいものを、1・2・3・4から一つえらびなさい。

1　今回の旅行は大阪(おおさか)を中心（　　　）関西(かんさい)地方を回る予定だ。

1 か　　2 で　　3 に　　4 は

2　新しいABCビルは、この街で一番高く、街の（　　　）見えます。

1 どこからか　　2 どこまで　　3 どこにでも　　4 どこからでも

3　A：「休みの日にはいつも何をしていますか。」
B：「映画を（　　　）しています。」

1 見たり　　2 見て　　3 見てから　　4 見たから

4　日本へ行ったら、専門(せんもん)の勉強（　　　）日本の文化も学びたい。

1 だけで　　2 だけではなく　　3 までで　　4 までてなく

5　昨日は小学校の同窓会(どうそうかい)があり、20年（　　　）小学校の頃の友だちに会った。

1 あいだに　　2 だけに　　3 ぶりに　　4 うちに

6　A：「もう6時過ぎたよ。暗く（　　　）帰ろうよ。」
B：「うん、急いで帰ろう。」

1 なったときに　　2 ならないあいだ　　3 なったときに　　4 ならないうちに

7　A：「忙しいの？」
B：「うん。今日中に（　　　）書類がまだ終わらないんだ。」

1 送るようになる　　2 送ることがある

3 送らないかもしれない　　4 送らないといけない

8 （大学の教務課(きょうむか)で）

A：「すみません、奨学金(しょうがくきん)の申し込みについてちょっと（　　　）んですが。」

B：「はい。どんなことでしょうか。」

1 ご覧になりたい　2 いただきたい　3 うかがいたい　4 お聞きになりたい

9 夜中にテレビゲームをしていたら、父に早く（　　　）と怒られた。

1 寝ている　2 寝ろ　3 寝られる　4 寝るなら

10 安田(やすだ)さんの部屋は、世界各地の大都市の写真が飾(かざ)ってあって、写真が好きな安田さんの部屋（　　　）と思った。

1 そうだ　2 のだ　3 からだ　4 らしい

11 このレストランは曜日（　　　）ランチメニューを替える。

1 にとって　2 において　3 に比べて　4 によって

12 A：「この雨は、やみそうにないですね。午後から晴れると思ったんですけど。」

B：「もうしばらく（　　　）。」

1 降るでしょうね　2 降ることになっていますよ

3 降るつもりですよ　4 降るからですね

13 昨日は久しぶりに友だちにあって、お酒を飲み過ぎてしまった。（　　　）今日は頭が痛い。

1 それとも　2 それで　3 けれども　4 もし

問題2　つぎの文の　★　に入る最もよいものを、1・2・3・4から一つえらびなさい。

14　そば ＿＿＿ ＿＿＿ ＿★＿ ＿＿＿ がちですが、実は世界中で食べられています。

1 日本料理の　2 というと　3 と思われ　4 代表的な存在

15　A:「明日は美術館(びじゅつかん)見学の日です。＿＿＿ ＿＿＿ ＿★＿ ＿＿＿ ので、遅れないでください。」

B:「はい。」

1 予定どおり　2 行います　3 雨でも　4 もし

16　国にいたとき、日本語を勉強して ＿＿＿ ＿★＿ ＿＿＿ ＿＿＿ 困ることはなかった。

1 来てからも　2 日本へ　3 いた　4 おかげで

17　調査した内容を人に説明するときは、＿＿＿ ＿＿＿ ＿★＿ ＿＿＿ なる。

1 図や表を　2 分かりやすく　3 示しながら　4 説明すると

18　私は、妹が ＿＿＿ ＿＿＿ ＿★＿ ＿＿＿ 見て、「どうしたの？ 何かあるの？」と声をかけた。

1 言いたそうな　2 のを　3 何か　4 顔をしている

問題3　つぎの文章を読んで、文章全体の内容を考えて、[19]から[23]の中に入る最もよいものを、1・2・3・4から一つえらびなさい。

東京では3月下旬ぐらいから桜が咲き始める。そのときは、たくさんの人がいろいろな公園で桜を見て楽しむ。桜の花は、満開から一週間程度で散ってしまう。だから、桜を楽しむことができる時間は短く、[19]、もっと桜を大切にするのかもしれない。日本[20]桜は春を象徴する花として特別な地位を占めている。開花のときは話題の中心となり、関心の対象として他の植物を圧倒してしまう。春になると、「桜の花が咲き始めましたね」「週末に花見に行きませんか」といった日本人の話を耳にする。多くの学校にも[21]、新しいスタートである4月の入学式を演出している。また、桜には農業の神様が中にいるとされていて、農業にとっても、昔から非常に大切なものだったそうだ。

日本では、桜は公式には国花ではないが、[22]扱われていて、日本の百円玉の表には桜の花が描かれている。私は初めて日本に来たとき、母と一緒に上野公園で桜を見た。[23]、人がいっぱいいて、桜の木もたくさんあった。とてもきれいだと思った。いろいろな花があるが、やはり桜が日本で一番きれいな花だと思う。桜が咲いたらぜひ見に行ってその美しさを味わってほしい。

19

1 それだけで　　2 そのせいで

3 そればかりでなく　　4 それより

20

1 において　2 にくらべて　3 にしたがって　4 について

21

1 植(う)えさせてあって　　2 植(う)えていて

3 植(う)えられていて　　4 植(う)えさせられて

22

1 国花らしく　　2 国花のために

3 国花ということで　　4 国花のように

23

1 これには　2 そこには　3 あのような　4 そういう

모의테스트 2회

問題1　つぎの文の（　　　）に入れるのに最もよいものを、1・2・3・4から一つえらびなさい。

1　レポートを書いていたら、（　　　）3時間も経ってしまった。

1 だんだん　　2 そろそろ　　3 やっと　　4 いつの間にか

2　女：「最近よく眠れないんだ。どうしたらいいんだろう。」
男：「そう。寝る前にお風呂にゆっくり入るのがいい（　　　）聞いたけど。今日やってみたらどう？」

1 を　　2 って　　3 も　　4 のを

3　男：「あ、山田さん、今持ってるそのパソコン、課長が使うなって。」
女：「えっ、なんで（　　　）いけないんですか。」

1 使っても　　2 使わないと　　3 使っては　　4 使えるのが

4　今日は6時に東京駅で友達と（　　　）ことになっているので、そろそろ出ます。

1 会って　　2 会う　　3 会おう　　4 会った

5　医者からお酒を（　　　）ように言われているのだが、なかなかやめられない。

1 やめる　　2 やめ　　3 やめた　　4 やめよう

6　A：「シャツ売り場はどこですか？」
B：「4階に（　　　）。」

1 ございます　　2 います
3 いらっしゃいます　　4 おります

7 (喫茶店(きっさてん)で)
女:「わたしは、スパゲッティとコーヒー。あなたは?」
男:「ぼく、おなかすいてないから、コーヒー(　　　)するよ。」

1 だけ　　2 だけを　　3 だけに　　4 だけで

8 雨も降ってきたし、荷物(にもつ)もたくさんある。これではタクシーに乗る(　　　)だろう。

1 ことがない　　2 はずがない　　3 しかない　　4 までもない

9 彼がいやだと言うなら、無理には(　　　)。

1 頼(たの)むだろう　　2 頼(たの)むまい　　3 頼(たの)むはずだ　　4 頼(たの)むようだ

10 忙しい父の(　　　)母が年賀状(ねんがじょう)を書いている。

1 かわりに　　2 かわりか　　3 かわりを　　4 かわりから

11 休みの日は一日(　　　)何もしないで寝ていることもあります。

1 じゅう　　2 のうち　　3 おきに　　4 あいだ

12 A:「最近、木村(きむら)君、元気ないね。」
B:「うん。将来の(　　　)悩んでいるらしいよ。」

1 ときに　　2 ほかで　　3 ほうに　　4 ことで

13 来月からガスに電気、(　　　)水道料金(すいどうりょうきん)が上がるらしいですよ。

1 それで　　2 それに　　3 それでも　　4 それでは

問題２　つぎの文の＿★＿に入る最もよいものを、１・２・３・４から一つえらびなさい。

14　このドラマは若い人の間で ＿＿ ＿＿ ＿★＿ ＿＿ わけがない。

1 彼女が　　2 知らない　　3 ので　　4 流行している

15　就職先(しゅうしょくさき)を選ぶのは、学生に ＿＿ ＿＿ ＿★＿ ＿＿ 課題となっている。

1 大切な　　2 難しく　　3 とって　　4 以前より

16　いつも自転車で学校に ＿＿ ＿＿ ＿★＿ ＿＿ こともある。昨日も天気がよかったので自転車に乗らずに歩いて行ってきた。

1 たまに　　2 歩く　　3 通って　　4 いますが

17　その件に ＿＿ ＿＿ ＿★＿ ＿＿ 選択なのかはっきり言えない。

1 どれがいい　　2 様々な　　3 ついては　　4 意見があって

18　彼は歌が ＿＿ ＿＿ ＿★＿ ＿＿ なかなか離そうとしない。

1 持ったら　　2 くせに　　3 下手な　　4 マイクを

問題3　つぎの文章を読んで、文章全体の内容を考ええて、［19］から［23］の中に入る最もよいものを、1・2・3・4から一つえらびなさい。

私は、夏休みに自動車教習所へ通いました。最終段階での路上教習では緊張しながら公道を走りましたが、運転していて一般ドライバーの親切な心づかいを感じました。

教習所から出る時に、周りのドライバーは間に入れてくれたり、交差点で道を譲ってくれたりします。私は助手席ではなく、運転席に座るようになって、譲り合いの気持ちの大切さを実感しました。

［19］、親切なドライバーばかりではありません。交差点で教習車を抜いていく車や、追い越し禁止にもかかわらず、すごいスピードで追い越していく車、携帯電話でメールを打ちながら運転し、白線からはみ出してくる車など、［20］もたくさんあります。

［21］ドライバーも、初心者マークを付けて、私のように緊張しながら運転していた時期もあったのです。すべてのドライバーが初心を忘れずに、常に「車は一歩間違えば危険な凶器になる」という意識を［22］、少しずつ交通事故は減ってくるのではないでしょうか。

私は運転に慣れても、歩行者や他の車に［23］のあるドライバーになりたいと思います。

19

1 したがって　2 つまり　3 しかし　4 そのうえ

20

1 危険な車　2 教習所の車　3 初心者の車　4 譲ってくれる車

21

1 この　2 こんな　3 わたしのような　4 それより

22

1 持っていても　2 持っていたが　3 持っているが　4 持っていれば

23

1 緊張　2 初心者マーク　3 思いやり　4 追い越し

N3 필수 문법

01 ます형에 접속하는 표현

동사화	
~始める	今日は午後から雪が降りはじめました。 오늘은 오후부터 눈이 내리기 시작했습니다.
~続ける	彼女はその映画を見たあと、ずっと泣きつづけました。 그녀는 그 영화를 본 후, 죽 계속 울었습니다.
~終わる	答えを全部書きおわった人はここに出してください。 답을 전부 다 쓴 사람은 이곳으로 제출해 주세요.
~出す	犬は主人を見ると、急に走り出した。 개는 주인을 보자, 갑자기 뛰기 시작했다.
~過ぎる	ごちそうを食べすぎてお腹が痛くなりました。 음식을 너무 먹어서 배가 아파졌습니다(배탈이 났습니다).
~たがる	だれもこの仕事をやりたがらないでしょう。 아무도 이 일을 하고 싶어하지 않을 것입니다.
~きる/~きれる /~きれない	そんなにたくさん食べきれますか。 그렇게 많이 다 먹을 수 있습니까?
~直す	もう一度考えなおしたらどうですか。 한 번 더 다시 생각해 보면 어떨까요?

い형용사화	
~たい	私は熱いコーヒーが飲みたいです。 나는 뜨거운 커피를 마시고 싶습니다.
~やすい	この本は字が大きくて読みやすい。 이 책은 글씨가 커서 읽기 편하다.
~にくい	彼の説明は分かりにくいです。 그의 설명은 이해하기 어렵습니다.

명사화	
ます형	山田君は走りがとても速いです。 야마다 군은 달리기가 매우 빠릅니다.
~方	お箸の使い方を教えてください。 젓가락 사용법을 가르쳐 주세요.

02 て형·た형에 접속하는 표현

~ている	父はさっきから新聞を読んでいます。 아버지는 아까부터 신문을 읽고 있습니다.
~てある	テーブルの上に手紙がおいてあります。 테이블 위에 편지가 놓여 있습니다.
~てみる	おいしいかどうか食べてみてください。 맛있는지 어떤지 먹어 보세요.
~ておく	旅行に行く前に、ホテルの予約をしておきます。 여행을 가기 전에 호텔 예약을 해 둡니다.
~てしまう	買ってきた本を一晩でぜんぶ読んでしまいました。 사 온 책을 하룻밤에 전부 읽어 버렸습니다.
~てくる	雨がだんだん強くなってきました。 비가 점점 강해졌습니다.
~ていく	これからもこの国の人口は増えていくでしょう。 앞으로도 이 나라의 인구는 증가해 가겠지요.
~てもらいたい	なぜ遅れたのか説明してもらいたい。 왜 늦었는지 설명해 주었으면 좋겠다.
~てほしい	彼には試験に受かってほしい。 그가 시험에 붙었으면 좋겠다.
~てもいい	ここでは何を話してもいいです。 여기에서는 무엇을 이야기해도 좋습니다.
~てはいけない	この部屋に入ってはいけません。 이 방에 들어가서는 안 됩니다.
~てはならない	お酒を飲んだら車を運転してはならない。 술을 마시면 차를 운전해서는 안 된다.
~たまま	弟はめがねをかけたまま寝ています。 남동생은 안경을 쓴 채로 자고 있습니다.
~たほうがいい	今は食事中だから、タバコは遠慮したほうがいいですよ。 지금은 식사 중이니까 담배는 삼가는 편이 좋아요.

03 ない형을 사용한 문형

~ないで	歯を磨かないで寝てしまった。 이를 닦지 않고 자 버렸다.
~なくて	宿題をしなくて、先生におこられた。 숙제를 하지 않아서 선생님께 혼이 났다.
~ないでください	大きい声で話さないでください。 큰 소리로 이야기하지 마세요.
~ずに	切手をはらずに手紙を出してしまった。 우표를 붙이지 않고 편지를 부쳐 버렸다.
~ないほうがいい	あまりコーヒーは飲まないほうがいい。 커피는 너무 많이 마시지 않는 편이 좋다.

～なければならない	明日は朝早く起きなければならない。 내일은 아침 일찍 일어나지 않으면 안 된다.
～なくてはいけない	今日中にレポートを書かなくてはいけません。 오늘 중으로 리포트를 쓰지 않으면 안 됩니다.
～なくてはならない	今週のうちにこの本を返さなくてはならない。 이번 주 안으로 이 책을 돌려 주지 않으면 안 된다.
～ないといけない	もうすぐテストがあるから、勉強しないといけない。 이제 곧 시험이 있으니, 공부하지 않으면 안 된다.
～なくてもいい	明日は休みだから、会社へ行かなくてもいいです。 내일은 휴일이니까, 회사에 가지 않아도 됩니다.
～なくてもかまわない	分からなければ書かなくてもかまいません。 모르면 쓰지 않아도 괜찮습니다.
～ないではいられない	それを聞いて笑わないではいられなかった。 그것을 듣고 웃지 않을 수 없었다.

04 수수표현

물건의 수수표현	
あげる	私は友だちにケーキをあげました。 나는 친구에게 케이크를 주었습니다.
くれる	ジョンさんは私に英語の本をくれました。 존 씨는 나에게 영어책을 주었습니다.
もらう	私は友だちにめずらしい切手をもらいました。 나는 친구에게 희귀한 우표를 받았습니다.

동작의 수수표현	
～てあげる	林さんは山田さんに辞書を貸してあげました。 하야시 씨는 야마다 씨에게 사전을 빌려 주었습니다.
～てくれる	ジョンさんが私に英語を教えてくれました。 존 씨가 나에게 영어를 가르쳐 주었습니다.
～てもらう	私はジョンさんに英語を教えてもらいました。 나는 존 씨에게 영어를 가르쳐 받았습니다(존 씨가 나에게 영어를 가르쳐 주었습니다).

동작 수수의 경어표현	
～てやる	私は妹にスカーフを買ってやりました。 나는 여동생에게 스카프를 사 주었습니다.
～てさしあげる	私はおばあさんの荷物を持ってさしあげました。 나는 할머니의 짐을 들어 드렸습니다.
～てくださる	山田先生は、私の話をよく聞いてくださいました。 야마다 선생님은 내 이야기를 잘 들어 주셨습니다.
～ていただく	分からない言葉を先生に教えていただきました。 모르는 단어를 선생님께서 가르쳐 주셨습니다.

수수표현의 응용표현	
～てください	この漢字の読み方を教えてください。 이 한자의 읽는 법을 가르쳐 주세요.
～ないでください	あまり大きい声で話さないでください。 너무 큰 소리로 이야기하지 말아 주세요.
～てくれますか	すみませんが、この手紙も出してきてくれますか。 죄송합니다만, 이 편지도 부치고 와 줄래요?
～てくださいますか	もう一度言ってくださいますか。 한 번 더 말해 주시겠습니까?
～てもらえませんか	少し静かにしてもらえませんか。 조금 조용히 해 줄 수 없겠습니까?
～ていただけませんか	窓をしめていただけませんか。 창문을 닫아 주실 수 없겠습니까?

05 의지 및 명령표현

의지표현	
～う/～よう	天気予報をみて、出かけるかどうかを決めよう。 일기예보를 보고 외출할지 어떨지를 결정하자.
～う/～ようと思う	その本は図書館で借りようと思います。 그 책은 도서관에서 빌리려고 생각합니다.
～う/～ようとする	家を出ようとしたとき、電話がかかってきました。 집을 나서려고 했을 때 전화가 걸려 왔습니다.
～つもりだ	明日からたばこをやめるつもりです。 내일부터 담배를 끊을 생각입니다.
～ように	後ろの人にもよく見えるように字を大きく書きます。 뒷사람에게도 잘 보이도록 글씨를 크게 씁니다.
～ようにする	窓を開けて涼しい風が入るようにする。 창문을 열어 시원한 바람이 들어오도록 한다.

명령과 지시	
명령형	時間がない。急げ。 시간이 없어. 서둘러.
～な	ここでタバコを吸うな。 여기서 담배를 피우지 마라.
～なさい	ここをよく読んでみなさい。 여기를 잘 읽어 보렴.
～こと	図書館の本は借りたら必ず返すこと。 도서관의 책은 빌렸으면 반드시 반납할 것.

06 자동사·타동사

자동사	駅前に新しいビルが建ちました。 역 앞에 새 빌딩이 세워졌습니다.
	庭にボールが落ちています。 정원에 공이 떨어져 있습니다.
타동사	窓ガラスを割ってしまった。 유리창을 깨 버렸다.
	お湯を沸かしてお茶を飲む。 물을 끓여서 차를 마시다.

07 조건표현

と	春になると、花が咲く。 봄이 되면 꽃이 핀다.
	ドアを開けると、新聞が落ちていました。 문을 열었더니 신문이 떨어져 있었습니다.
ば	天気がよければ買い物に行きます。 날씨가 좋다면 쇼핑하러 가겠습니다.
	お金があれば、何でも買えるだろう。 돈이 있으면 뭐든지 살 수 있을 것이다.
たら	その本、読み終わったら早く返してください。 그 책 다 읽으면 빨리 돌려주세요.
	うちに帰ったら、手紙が来ていた。 집에 돌아갔더니 편지가 와 있었다.
なら	コーヒーを飲むならあの店がいいですよ。 커피를 마신다면 그 가게가 좋아요.
	旅行に行くなら、大きいかばんを買っておいたほうがいい。 여행을 간다면 큰 가방을 사 두는 편이 좋다.

08 추측표현

～そうだ	今にも雨が降り出しそうな天気ですね。 당장이라도 비가 내릴 것 같은 날씨로군요. 〈양태〉
	天気予報によると、あしたは雨が降るそうです。 일기 예보에 의하면 내일은 비가 내린다고 합니다. 〈전달/전문〉
～ようだ	熱もあるし、せきもでる。どうも風邪をひいたようだ。 열도 있고 기침도 난다. 아무래도 감기에 걸린 것 같다. 〈추측〉
	まだ春なのに、今日は夏のように暑いです。 아직 봄인데 오늘은 여름같이 덥습니다. 〈비유〉
	東京のような大都市は生活費が高い。 도쿄 같은 대도시는 생활비가 비싸다. 〈예시〉
～らしい	木村さんは昨日アメリカへ行ったらしいです。 기무라 씨는 어제 미국에 갔다는 것 같습니다. 〈추측/전달〉
	今日は夏らしい暑い一日だった。 오늘은 여름다운 더운 하루였다. 〈접미어〉
～だろう/～でしょう	この薬を飲めば、すぐ治るだろう。 이 약을 먹으면 곧 나을 것이다.
～だろうと思う	今度の試験はやさしいだろうと思います。 이번 시험은 쉬울 것이라고 생각합니다.
～かもしれない	明日は雨が降るかもしれません。 내일은 비가 내릴지도 모릅니다.
～はずだ	彼女は2年も料理を習っているから、料理がかなりできるはずだ。 그녀는 2년이나 요리를 배우고 있기 때문에 요리를 꽤 잘 할 것이다.
～はずがない	やさしい木村さんがこんなひどいことをするはずがない。 상냥한 기무라 씨가 이런 심한 짓을 할 리가 없다.
～みたいだ	ちょっと食べすぎたみたいだ。 조금 과식한 것 같다.

09 수동·사역

수동	林さんは先生にほめられた。 하야시 씨는 선생님에게 칭찬받았다.
강조피해수동	ゆうべは友だちに来られて、テストの勉強ができなかった。 어젯밤은 친구가 와서 시험 공부를 할 수 없었다.
사역	けんかをして、弟を泣かせてしまいました。 싸움을 해서 남동생을 울려 버렸습니다.
사역수동	子どもの時、母に嫌いな野菜を食べさせられた。 어릴 적 어머니가 싫어하는 채소를 억지로 먹게 했다.
～させてください	体の調子が悪いので、少し早めに帰らせてください。 몸 상태가 좋지 않으니, 조금 일찍 돌아가게 해 주세요.

10 경어

일반적인 경어 (존경)	今日(きょう)の新聞(しんぶん)をお読(よ)みになりましたか。 오늘 신문을 읽으셨습니까?
	先生(せんせい)は来週(らいしゅう)アメリカに行(い)かれます。 선생님은 다음 주에 미국에 가십니다.
	そちらで少々(しょうしょう)お待(ま)ちください。 그쪽에서 잠시 기다려 주세요.
일반적인 경어 (겸양)	先生(せんせい)にお聞(き)きしたいことがあります。 선생님에게 여쭙고 싶은 것이 있습니다.
	この荷物(にもつ)は私(わたし)がお持(も)ちいたします。 이 짐은 제가 들어 드리겠습니다.
	図書館(としょかん)の利用方法(りようほうほう)について説明(せつめい)させていただきます。 도서관 이용 방법에 대해 설명하겠습니다.
특별한 경어 (존경)	明日(あした)のパーティーに山本(やまもと)さんもいらっしゃいますか。 내일 파티에 야마모토 씨도 가십니까?
	先生(せんせい)は何(なん)とおっしゃいましたか。 선생님께서는 뭐라고 말씀하셨습니까?
	先生(せんせい)は何(なに)をめしあがりますか。 선생님께서는 무엇을 드시겠습니까?
특별한 경어 (겸양)	明日(あした)またまいります。 내일 다시 오겠습니다.
	このお写真(しゃしん)、ちょっと拝見(はいけん)してもよろしいんですか。 이 사진 좀 봐도 괜찮겠습니까?
	パーティーで社長(しゃちょう)の奥様(おくさま)にお目(め)にかかりました。 파티에서 사장님의 사모님을 뵈었습니다.

11 조사와 동사를 활용한 문법표현

～に代(か)わって	社長(しゃちょう)にかわって田中部長(たなかぶちょう)があいさつをした。 사장님을 대신하여 다나카 부장이 인사를 했다.
～に比(くら)べて	去年(きょねん)にくらべて今年(ことし)の冬(ふゆ)はかなり寒(さむ)かった。 작년에 비해 올 겨울은 꽤 추웠다.
～に加(くわ)えて	電車代(でんしゃだい)にくわえて、バス代(だい)もあがってしまった。 전철 요금에 더하여 버스 요금도 올라 버렸다.
～に対(たい)して	山田先生(やまだせんせい)は質問(しつもん)に対(たい)して、ていねいに説明(せつめい)してくれる。 야마다 선생님은 질문에 대해서 꼼꼼하게 설명해 준다.
～について	彼(かれ)は車(くるま)が好(す)きで、車(くるま)についてよく知(し)っている。 그는 차를 좋아해서 차에 대해서 잘 알고 있다.
～に関(かん)して	発表(はっぴょう)の内容(ないよう)に関(かん)して、何(なに)か質問(しつもん)はありませんか。 발표 내용에 관해서 무엇인가 질문은 없습니까?

～にとって	私にとっていちばん大切なのは家族です。 나에게 있어서 가장 중요한 것은 가족입니다.
～によって	問題を話し合いによって解決する。 문제를 대화에 의해 해결한다.
～によると・ ～によれば	天気予報によると、大雨が降るそうです。 일기 예보에 따르면 큰 비가 내린다고 합니다.
～から～にかけて	この辺は、春から夏にかけて、花がたくさん咲く。 이 근처는 봄부터 여름에 걸쳐 꽃이 많이 핀다.
～にわたって	一週間にわたって試験が行われた。 일주일에 걸쳐서 시험이 실시되었다.
～に違いない	電気が消えているから、もう寝ているに違いない。 불이 꺼져 있으니, 이미 자고 있음에 틀림없다.
～にしたがって	人は年をとるにしたがって、体力がだんだん弱くなる。 사람은 나이를 먹음에 따라 체력이 점점 약해진다.
～を込めて	心を込めてプレゼントを選んだ。 마음을 담아 선물을 골랐다.
～を通じて・ ～を通して	読書を通じて知識を得る。 독서를 통해서 지식을 얻는다.
～をめぐって	親の遺産をめぐって兄弟が争っている。 부모의 유산을 둘러싸고 형제가 다투고 있다.

12 명사를 활용한 표현 1

こと	
～たことがある	飛行機に乗ったことがありますか。 비행기를 탄 적이 있습니까?
～ことがある	ときどき日本の歌を歌うことがあります。 가끔 일본 노래를 부르는 경우가 있습니다.
～ことにする	健康のため、お酒をやめることにしました。 건강을 위해 술을 끊기로 했습니다.
～ことになる	急に海外出張に行くことになった。 갑자기 해외 출장을 가게 되었다.
～ことにしている	私は６時に起きることにしている。 나는 6시에 일어나기로 하고 있다.
～ことになっている	日本では、部屋に入るとき、靴を脱ぐことになっている。 일본에서는 방에 들어갈 때 신발을 벗게 되어 있다.
～ということだ	来月から電車代があがるということだ。 다음 달부터 전철 요금이 오른다고 한다.

ところ	
～ところだ	これから食事をするところです。 지금부터 식사를 하려는 참입니다.
～ているところだ	今レポートを書いているところです。 지금 리포트를 쓰고 있는 중입니다.
～たところだ	いま会議が終わったところです。 지금 회의가 막 끝난 참입니다.

わけ	
～わけがない	勉強もしないで試験に受かるわけがない。 공부도 하지 않고 시험에 붙을 리가 없다.
～わけにはいかない	明日試験があるので、遊ぶわけにはいかない。 내일 시험이 있어서 놀 수는 없다.

もの	
～ものだ	約束は守るものだ。 약속은 지키는 법이다.
～たものだ	小さい頃、よく公園で遊んだものだ。 어렸을 적 자주 공원에서 놀곤 했다.

13 명사를 활용한 표현 2

～間	夏休みの間、田舎で過ごした。 여름 방학 동안 (내내), 시골에서 지냈다.
～間に	夏休みの間に、北海道に行ってきた。 여름 방학 동안에 홋카이도에 다녀왔다.
～ため(に)	無理をしたために病気になった。 무리를 했기 때문에 병이 났다. 〈원인・이유〉
	健康のために毎日運動をする。 건강을 위해서 매일 운동을 한다. 〈목적〉
～かわり(に)	手紙を出すかわりに電話をした。 편지를 보내는 대신에 전화를 했다.
～とおり(に)	私の言うとおりにすれば大丈夫だよ。 내가 말하는 대로 하면 괜찮아.
～最中(に)	食事の最中に電話がかかってきた。 식사가 한창일 때 전화가 걸려왔다.
～たびに	母は買い物に行くたびにお菓子を買ってくる。 어머니는 쇼핑하러 갈 때마다 과자를 사 온다.
～おかげ(で)	あなたのおかげで成功しました。 당신 덕분에 성공했습니다.
～せいか	お酒を飲み過ぎたせいか頭が痛い。 술을 과음한 탓인지 머리가 아프다.

～くせに	あの子(こ)は自分(じぶん)が悪(わる)いくせに、いつも人(ひと)のせいにする。 저 아이는 자기가 잘못한 주제에 언제나 남의 탓으로 돌린다.
～ついでに	買(か)い物(もの)のついでに、本屋(ほんや)に寄(よ)ってみた。 쇼핑하는 김에 서점에 들러 보았다.
～上(うえ)に	雨(あめ)が降(ふ)っている上(うえ)に、風(かぜ)も吹(ふ)いている。 비가 내리고 있는 데다가 바람도 불고 있다.
～おそれがある	今日(きょう)は大雪(おおゆき)のおそれがあります。 오늘은 폭설이 내릴 우려가 있습니다.

14 기타 문형

～うちに	テレビを見(み)ているうちに、眠(ねむ)くなってきた。 TV를 보고 있는 사이에 졸음이 왔다.
～ないうちに	雨(あめ)が降(ふ)らないうちに帰(かえ)りましょう。 비가 내리기 전에 돌아갑시다.
～一方(いっぽう)だ	物価(ぶっか)は上(あ)がる一方(いっぽう)だ。 물가는 오르기만 한다.
～がち	最近(さいきん)、バスが遅(おく)れがちで困(こま)る。 최근 버스가 자주 늦어져서 곤란하다.
～がる	子(こ)どもはいつも外(そと)で遊(あそ)びたがる。 아이는 언제나 밖에서 놀고 싶어한다.
～ごとに	月(つき)ごとに料金(りょうきん)を支払(しはら)う。 매달 요금을 지불한다.
～さ	この家(いえ)の広(ひろ)さはどのくらいですか。 이 집의 넓이는 어느 정도입니까?
～中(じゅう)	わたしは世界中(せかいじゅう)の切手(きって)を集(あつ)めています。 나는 전 세계의 우표를 수집하고 있습니다.
～だらけ	この作文(さくぶん)は間違(まちが)いだらけだ。 이 작문은 오류투성이다.
～という	田中(たなか)さんという人(ひと)から電話(でんわ)がありました。 다나카 씨라는 사람에게서 전화가 왔었습니다.
～というと・ ～といえば	和食(わしょく)といえば、やっぱり寿司(すし)ですね。 일식이라고 하면 역시 초밥이지요.
～とすれば・ ～としたら	今度(こんど)引(ひ)っ越(こ)すとすれば駅(えき)の近(ちか)くがいい。 이번에 이사한다면 역 근처가 좋다.
～として	トムさんは留学生(りゅうがくせい)として日本(にほん)へ来(き)た。 톰 씨는 유학생으로서 일본에 왔다.
～にかぎり	本日(ほんじつ)にかぎり、２０％割引(にじゅっパーセントわりびき)します。 오늘에 한해 20% 할인합니다.
～にする	私(わたし)は紅茶(こうちゃ)にします。 나는 홍차로 하겠습니다.
～はもちろん	復習(ふくしゅう)はもちろん予習(よしゅう)もしなければならない。 복습은 물론 예습도 해야 한다.

～たとたん(に)	私たちが家を出たとたん、雨が降りだした。 우리가 집을 나오자마자 비가 내리기 시작했다.
～まい	夕焼けがきれいだから、明日は雨は降るまい。 저녁놀이 아름답기 때문에, 내일은 비가 오지 않을 것이다. 〈부정의 추측〉
	あんなまずいレストランには二度と行くまい。 저런 맛없는 레스토랑에는 두 번 다시 가지 않겠다. 〈부정의 의지〉

15 조사의 기본

～で	子どもが庭で遊んでいる。 아이가 정원에서 놀고 있다. 〈동작이 행해지는 장소〉
	試合は雨で中止になった。 시합은 비로(비 때문에) 중지되었다. 〈원인 · 이유〉
	名前は黒いボールペンで書いてください。 이름은 검은 볼펜으로 써 주세요. 〈수단〉
	このシャツは２枚で３０００円です。 이 셔츠는 2장에 3,000엔입니다. 〈단위〉
	試験はあしたで終わります。 시험은 내일로 끝납니다. 〈시간적 한도〉
	木でいすを作ります。 나무로 의자를 만듭니다. 〈재료〉
～に	私の会社は東京にあります。 우리 회사는 도쿄에 있습니다. 〈존재하는 장소〉
	今日は朝５時に起きました。 오늘은 아침 5시에 일어났습니다. 〈시간〉
	妹にハンカチを買ってあげた。 여동생에게 손수건을 사 주었다. 〈동작의 대상, 상대방〉
	１週間に２回テストがあります。 1주일에 두 번 시험이 있습니다. 〈기준이 되는 단위〉
	明日、公園に行きます。 내일 공원에 갑니다. 〈목적지, 귀착점〉
	デパートへ買い物に行きました。 백화점에 쇼핑하러 갔습니다. 〈동작의 목적〉
～から	米から酒を作る。 쌀로 술을 만든다.
～し	彼は勉強もできるし、スポーツもよくできる。 그는 공부도 잘하고 운동도 잘한다.
～かどうか	これでいいかどうかよく分かりません。 이것으로 좋을지 어떨지 잘 모르겠습니다.
～ので	天気が悪かったので外出しなかった。 날씨가 나빴기 때문에 외출하지 않았다.
～のに	薬を飲んだのに風邪がなおらない。 약을 먹었는데도 감기가 낫지 않는다.

～でも	あなたに会えるなら私はいつでもいいですよ。 당신을 만날 수 있다면 나는 언제라도 좋아요.
～まで	車でうちから会社まで３０分かかります。 차로 집에서 회사까지 30분 걸립니다.
～までに	来週までにレポートを書くつもりだ。다음 주까지 리포트를 쓸 생각이다.
～くらい・～ぐらい	酒ぐらい飲んでもいいよ。술 정도는 마셔도 괜찮아.
～とか	デパートでコートとかネクタイとか、いろいろ買いました。 백화점에서 코트라든가 넥타이라든가 이것저것 샀습니다.
～こそ	こちらこそよろしくお願いします。저야말로 잘 부탁 드립니다.
～ずつ	みんなに３個ずつくばる。모두에게 3개씩 나눠 준다.
～って	もっと勉強しろって言われた。좀더 공부하라고 말을 들었다. 〈인용〉
	川村って小説家、知ってる？ 가와무라라는 소설가 알아? 〈동격〉
	ニュースでは雨は降らないって。뉴스에서는 비는 안 온대. 〈전달〉

16 조사의 활용

～ほど	ひどく疲れていて食事もできないほどだ。 몹시 피곤해서 식사도 할 수 없을 정도다.
～ほど～ない	今日は昨日ほど寒くないです。오늘은 어제만큼 춥지 않습니다.
～ば～ほど	この本は読めば読むほどおもしろくなる。 이 책은 읽으면 읽을수록 재미있어진다.
～だけ	二人だけで話したいことがあります。 둘이서만 이야기하고 싶은 것이 있습니다. 〈한정〉
	これだけあれば十分だ。이 정도 있으면 충분하다. 〈정도의 강조〉
～だけで(は)なく	彼はピアノだけではなくギターもひくことができる。 그는 피아노뿐만 아니라 기타도 칠 수 있다.
～しか	試験まであと一週間しかない。시험까지 앞으로 일주일밖에 없다.
～など	東京には大きなビルやホテル、車などがたくさんあります。 도쿄에는 큰 빌딩이나 호텔, 자동차 등이 많이 있습니다.
～ばかり	毎日雨ばかり降っています。매일 비만 내리고 있습니다.
～ばかりだ	今ご飯ができたばかりです。지금 밥을 막 한 참입니다.

～てばかり	あの人はいつも怒ってばかりいる。 그 사람은 언제나 화를 내고만(화만 내고) 있다.
～ばかりでなく	あのレストランは高いばかりでなく味もよくない。 그 레스토랑은 비쌀 뿐만 아니라 맛도 좋지 않다.
～さえ	仕事が忙しくて、食事をする時間さえない。 일이 바빠서 식사를 할 시간조차 없다.
～さえ～ば	天気さえよければ、楽しいハイキングになるだろう。 날씨만 좋다면 즐거운 하이킹이 될 것이다.
～ながら	楽しく話しながら、道を歩く。 즐겁게 이야기하면서 길을 걷는다. 〈동작의 동시 진행〉
	貧しいながら家族みんな幸せに暮らしている。 가난하지만 가족 모두 행복하게 살고 있다. 〈역접〉

17 부사

조건의 강조	
もし	もし、雨が降ったら行きません。 만약 비가 내리면 가지 않겠습니다.
どんなに	どんなに練習しても、テニスがうまくなりません。 아무리 연습해도 테니스가 능숙해지지 않습니다.
いくら	いくらたくさん食べても、彼女は体重が増えない。 아무리 많이 먹어도 그녀는 체중이 늘지 않는다.
たとえ	たとえ雨が降っても行かなければならない。 비록 비가 내릴지라도 가지 않으면 안 된다.

추측이나 판단의 강조	
いまにも	いまにも雨が降り出しそうな天気だ。 금세라도 비가 내릴 것 같은 날씨다.
たぶん	彼が言ったことは、たぶん本当だろう。 그가 말한 것은 아마 사실일 것이다.
まるで	彼はまるでお金持ちのように暮らしている。 그는 마치 부자처럼 살고 있다.
もしかすると・ もしかしたら	もしかしたら彼は来ないかもしれない。 어쩌면 그는 오지 않을지도 모른다.
きっと	明日はきっと大雨が降るだろう。 내일은 틀림없이 큰 비가 내릴 것이다.
ぜひ	ぜひ、また遊びに来てください。 꼭 또 놀러 오세요.

부정의 표현과 호응	
あまり	弟は最近テレビばかり見て、あまり勉強しません。 남동생은 요즘 TV만 보고 별로 공부하지 않습니다.
まったく	彼はその知らせをまったく知らなかった。 그는 그 소식을 전혀 몰랐다.
ほとんど	彼は友だちがほとんどいない。 그는 친구가 거의 없다.
なかなか	風邪がなかなか治らない。 감기가 좀처럼 낫지 않는다.
決して	ご親切はけっして忘れません。 친절은 결코 잊지 않겠습니다.
めったに	彼はめったに風邪をひきません。 그는 좀처럼 감기에 걸리지 않습니다.
必ずしも	高い時計がかならずしもよい時計だとは言えない。 비싼 시계가 반드시 좋은 시계라고는 할 수 없다.

18 접속사

순접	
だから	もうすぐ試験です。だから、もっと勉強しなさい。 이제 곧 시험입니다. 그러니까 좀 더 공부하세요.
したがって	大都市は車が多い。したがって、事故も多い。 대도시는 차가 많다. 따라서 사고도 많다.
それで	国から両親が来た。それで駅へ迎えに行った。 고향에서 부모님이 왔다. 그래서 역으로 마중하러 갔다.
すると	ドアを開けた。すると、涼しい風が入ってきた。 문을 열었다. 그러자 시원한 바람이 들어 왔다.

역접	
しかし	あまり行きたくない。しかし、行かなければならない。 별로 가고 싶지 않다. 그러나 가지 않으면 안 된다.
けれども	どうしてもわからない。けれども、やってみたい。 도무지 모르겠다. 그렇지만 해 보고 싶다.
だが	旅行に行きたい。だが、今は時間がない。 여행을 가고 싶다. 하지만 지금은 시간이 없다.
ところが	部長に電話した。ところが、会議中で話すことができなかった。 부장님에게 전화했다. 그렇지만 회의 중이라서 이야기할 수가 없었다.
それなのに	彼に何回も手紙を書いた。それなのに、一度も返事をくれない。 그에게 몇 번이나 편지를 썼다. 그런데도 한 번도 답장을 주지 않는다.

それでも・でも	みなが二人の結婚を反対した。それでも二人は結婚した。 모두가 두 사람의 결혼을 반대했다. 그래도 두 사람은 결혼했다.

첨가・추가	
それに	この店は安い。それに味がいい。이 가게는 싸다. 게다가 맛이 좋다.
そのうえ	彼女はかわいらしく、そのうえ、とても親切だ。 그녀는 귀엽고 게다가 매우 친절하다.

이유 설명	
なぜなら	私は山に登る。なぜならそれがそこにあるからだ。 나는 산에 오른다. 왜냐하면 그것이 거기에 있기 때문이다.

전환	
ところで	もうすぐ夏休みだね。ところで、夏休みに田舎へ帰るの？ 이제 곧 여름 방학이네. 그런데 여름 방학에 시골로 돌아갈 거야?
それでは・では	みなさん。いいですか。それでは次の問題に移りましょう。 여러분. 됐습니까? 그럼 다음 문제로 넘어갑시다.

선택	
または	黒または青のボールペンで書いてください。 검정 또는 파란 볼펜으로 써 주세요.
それとも	コーヒーにしますか。それとも紅茶にしますか。 커피로 하겠습니까? 아니면 홍차로 하겠습니까?

예문 해석

PART 1

2 01 오늘은 오후부터 눈이 내리**기 시작했습니다**.
모두 '잘 먹겠습니다'라고 말하고 나서 먹**기 시작했다**.

02 저 사람은 1시간이나 죽 **계속** 이야기**하고** 있다.
그녀는 그 영화를 본 후, 죽 **계속** 울었**습니다**.

03 답을 전부 **다** 쓴 사람은 이곳으로 제출해 주세요.
A : 그 책, **다** 읽**으면** 빌려 주시지 않겠습니까?
B : 네, 좋아요.

04 개는 주인을 보자, 갑자기 뛰**기 시작했다**.
아이는 아이스크림을 먹고 싶다고 소란을 피우**기 시작했다**.

05 음식을 **너무** 먹**어서** 배가 아파졌습니다(배탈이 났습니다).
서류의 글씨가 **너무** 흐려**서** 읽을 수 없습니다.

06 여동생은 미국 대학에 가**고 싶어하고** 있습니다.
아무도 이 일을 하**고 싶어하지 않을** 것입니다.

07 그는 마라톤 코스를 **다 달렸다**(완주했다).
그렇게 많이 **다** 먹을 **수 있습니까**?
밤하늘에 **다** 셀 **수 없을** 정도의 별이 빛나고 있었다.

08 한 번 더 **다시** 생각해 보**면** 어떨까요?
꼭 저에게 전화를 **다시** 걸어 주세요.

3 01 나는 뜨거운 커피를 마시**고 싶**습니다.
교외의 조용한 아파트에서 살**고 싶다**.

02 이 책은 글씨가 커서 읽**기 편하다**.
흰 셔츠는 더러워지**기 쉽**습니다.

03 이 펜은 매우 쓰**기 힘듭**니다.
그의 설명은 이해하**기 어렵**습니다.

4 01 야마다 군은 **달리기**가 매우 빠릅니다.
다음 역에서 신칸센(고속철도)으로의 **환승**이 가능합니다.

02 젓가락 **사용법**을 가르쳐 주세요.
나의 **생각**은 당신의 **생각**과 조금 다릅니다.

PART 2

2 01 아버지는 아까부터 신문을 읽**고 있습니다**.
바닥에 지갑이 떨어**져 있습니다**.

02 책에 이름이 적**혀 있습니다**.
테이블 위에 편지가 놓**여 있습니다**.

03 맛있는지 어떤지 먹**어 보**세요.
어제 새로운 가게에 **가 보았습니다**.

04 친구가 오기 전에 방을 청소**해 두었습니다**.
여행을 가기 전에 호텔 예약을 **해 둡니다**.

05 사 온 책을 하룻밤에 전부 읽**어 버렸습니다**.
친구를 만날 약속을 잊**어 버렸습니다**.

06 비가 점점 강**해졌습니다**(거세지**기 시작했습니다**).
꽤 일본에서의 생활에 익숙**해졌습니다**.

07 앞으로도 이 나라의 인구는 증가**해 가**겠지요.
학교를 졸업해도 미술 공부를 계속**해 가겠습니다**.

08 내 책을 빨리 돌**려 주었으면 좋겠다**.
왜 늦었는지 설명**해 주었으면 좋겠다**.

09 그가 시험에 붙었**으면 좋겠다**.
이 서류를 지금 당장 그녀에게 전달**해 주었으면 좋겠다**.

10 내일은 학교를 쉬어**도 좋**습니다.
여기에서는 무엇을 이야기해**도 좋**습니다.

11 이 방에 들어가**서는 안 됩니다**.
입구 앞에 자전거를 세워**서는 안 됩니다**.

12 복도에서 뛰어**서는 안 된다**(뛰**면 안 된다**).
술을 마시면 차를 운전해**서는 안 된다**.

3 01 남동생은 안경을 쓴 **채로** 자고 있습니다.
창문을 연 **채로** 외출해 버렸다.

02 감기라면 집에서 푹 쉬**는 편이 좋**아요.
지금은 식사 중이니까 담배는 삼가**는 편이 좋**아요.

PART 3

2 01 숙제를 하**지 않고** 학교에 갔다.
이를 닦**지 않고** 자 버렸다.

02 숙제를 하**지 않아서** 선생님께 혼이 났다.
질문의 의미를 몰라**서** 대답할 수가 없었다.

03 큰 소리로 이야기하**지 마세요**.
이 꽃에는 물을 지나치게 주**지 마세요**.

04 우표를 붙이**지 않고** 편지를 부쳐 버렸다.
복도에서는 뛰**지 말고** 천천히 걸읍시다.
공부하**지 않고** 시험을 보았다.

05 커피는 너무 많이 마시**지 않는 편이 좋**다.
텔레비전은 너무 오래 보**지 않는 것이 좋**아요.

06 내일은 아침 일찍 일어나**지 않으면 안 된다**(일어나**야 한다**).
식사 전에는 손을 씻**지 않으면 안 됩니다**(씻어**야 합니다**).

07 오늘 중으로 리포트를 쓰**지 않으면 안 됩니다**.
이제 자**야 할** 시간이야.

08 이번 주 안으로 이 책을 돌려 주**지 않으면 안 된다**.
대답은 검정 볼펜으로 써**야 합니다**.

09 이제 곧 시험이 있으니, 공부하**지 않으면 안 된다**.
내일은 일찍 외출하니까 이제 자**야 한다**.

10 내일은 휴일이니까, 회사에 가**지 않아도 됩**니다.
당신은 아무것도 걱정하**지 않아도 됩**니다.

11 모르면 쓰**지 않아도 괜찮습니다**.
A : 창문을 열**지 않아도 괜찮습니까**?
B : 네, 괜찮아요.

12 그것을 듣고 웃**지 않을 수 없었다.**
단것을 좋아해서 과자를 보면 먹**지 않고서는 있을 수 없다.**

PART 4

1 01 나는 친구에게 케이크를 **주었습니다.**
기무라 씨는 야마다 씨에게 넥타이를 **주었습니다.**

02 존 씨는 나에게 영어책을 **주었습니다.**
이 시계는 아버지가 **준** 것입니다.

03 나는 친구에게 희귀한 우표를 **받았습니다.**
다나카 씨는 미즈노 씨에게 넥타이를 **받았습니다.**

2 01 나는 다나카 씨에게 사진을 보**여주었습니다.**
하야시 씨는 야마다 씨에게 사전을 빌**려 주었습니다.**

02 내가 아팠을 때 언니가 보살**펴 주었다.**
기무라 씨는 나에게 초콜릿을 사 **주었습니다.**

03 다나카 씨가 나에게 사진을 찍**어 주었습니다.**
존 씨가 나에게 영어를 가르**쳐 주었습니다.**

3 02 나는 다나카 씨에게 볼펜을 **주었습니다.**

03 이 넥타이는 야마다 선생님께 **드릴** 생각입니다.

04 이것은 다나카 선생님이 **주신** 사전입니다.

05 이 사전은 다나카 선생님께 **받은** 것입니다.

4 02 나는 여동생에게 스카프를 사 **주었습니다.**

03 나는 할머니의 짐을 들**어 드렸습니다.**

04 야마다 선생님은 내 이야기를 잘 들**어 주셨습니다.**

05 모르는 단어를 선생님께서 가르**쳐 주셨습니다.**

5 01 이 한자의 읽는 법을 가르**쳐 주세요.**
여기에 성함과 주소를 적**어 주세요.**

02 너무 큰 소리로 이야기하**지 말아 주세요.**
감기에 걸렸을 때는 목욕을 하**지 마세요.**

03 죄송합니다만, 이 편지도 부치고 와 **줄래요?**
우에다 씨의 전화번호를 알고 있다면 가르**쳐 주겠습니까?**

04 한 번 더 말**해 주시겠습니까?**
볼펜을 빌**려 주시겠습니까?**
A : 창을 열**어 주시겠습니까?**
B : 네, 좋아요.

05 조금 조용히 **해 줄 수 없겠습니까?**
TV 소리를 작게 **해 줄 수 없겠습니까?**

06 역으로 가는 길을 가르**쳐 주실 수 없겠습니까?**
창문을 닫**아 주실 수 없겠습니까?**
잠깐 전화를 빌**려 주실 수 없겠습니까?**

PART 5

2 01 오늘은 피곤하니까 빨리 돌아가**야지.**
일기 예보를 보고 외출할지 어떨지를 결정하**자.**

02 오늘 밤은 이 책을 읽으**려고 생각합니다.**
그 책은 도서관에서 빌리**려고 생각합니다.**

03 한자는 아무리 외우**려고 해도** 금세 잊어버린다.
집을 나서**려고 했을** 때, 전화가 걸려 왔습니다.

04 내일부터 담배를 끊을 **생각입니다.**
앞으로는 아들의 숙제를 도와주지 않을 **작정입니다.**

05 뒷사람에게도 잘 보이**도록** 글씨를 크게 씁니다.
TV를 지나치게 보지 않**도록** 주의합시다.

06 창문을 열어 시원한 바람이 들어오**도록 한다.**
시험에 합격할 때까지 TV는 보지 않**도록 하겠습니다.**

3 01 이것을 **봐라.**
전부 **먹어라.**
더 **공부해라.**
시간이 없어. **서둘러.**

02 여기서 담배를 피우**지 마라.**
복도에서는 뛰**지 마라.**
책상 위에 앉**지 마라.**
이 기계에 손대**지 마라.**

03 여기를 잘 읽어 보**렴.**
이를 닦고 나서 자**렴.**

04 도서관의 책은 빌렸으면 반드시 반납할 **것.**
차는 주차장에 세울 **것.**
이곳에서는 담배를 피우지 말 **것.**

PART 6

1 01 역 앞에 새 빌딩이 **세워졌습니다.**
정원에 공이 **떨어져** 있습니다.

02 유리창을 **깨** 버렸다.
물을 **끓여서** 차를 마시다.

2

|연습1| a 벽에 코트를 **걸었습니다.**
b 문을 **열고** 안으로 들어갔습니다.
c 테이블 위에 접시를 **늘어놓아** 주세요.

|연습2| a 유리컵을 **깨** 버렸습니다.
b 약을 먹어도 감기가 **낫지 않습니다.**
c 나는 매일 아침 6시에 **일어납니다.**

|연습3| a 물을 **끓여** 차를 마신다.
b 방의 불을 **끄고 나서** 잡니다.
c 선생님의 설명을 잘 **들어** 주세요.

PART 7

2 02 1 봄이 되**면** 꽃이 핀다.
아버지는 매일 아침 일어나**면** 신문을 읽습니다.
돈을 넣고 버튼을 누르**면** 표가 나옵니다.
물이 없으**면** 곤란합니다.

2 문을 열었**더니** 신문이 떨어져 있었습니다.

|주의| 편의점에 가**면** 주스를 사다 주세요.
일이 끝나**면** 쇼핑하러 가고 싶습니다.
영화를 볼 짬이 있으**면** 공부하세요.

3 02 당신이 가**면** 나도 가겠습니다.
= 당신이 가**면** 나도 갑니다만, 당신이 가지 않으**면** 나도 가지 않겠습니다.
날씨가 좋다**면** 쇼핑하러 가겠습니다. 만약 비가 내리**면** 나가지 않겠습니다.
60점 이상**이라면** 합격, 그 이외에는 불합격입니다.
돈이 있으**면** 뭐든지 살 수 있을 것이다.

4 02 1 여름 방학이 되**면** 바다에 가려고 생각합니다.
만약 내일 비가 내리**면** 어떻게 합니까?

2 한가하**면** 놀러 오세요.
그 책 다 읽으**면** 빨리 돌려 주세요.

3 약을 먹었**더니** 바로 감기가 나았다.
집에 돌아갔**더니** 편지가 와 있었다.

5 02 1 당신이 말하지 않으**면** 나도 말하지 않겠습니다.
한가하**면** 좀 도와주지 않겠습니까?
그 영화가 재미있으**면** 함께 봅시다.

2 커피를 마신**다면** 그 가게가 좋아요.
일본 요리를 먹는**다면** 역시 초밥이지요.
A : 다음 주에 교토에 갑니다.
B : 교토에 간**다면** 선물을 사다 주세요.

3 여행을 간**다면** 큰 가방을 사 두는 편이 좋다.

|문형| 1 문을 열었**더니** 신문이 떨어져 있었습니다.

2 돈을 주우**면** 바로 경찰에 신고해 **주세요**.
지진이 일어나**면** 바로 불을 꺼 **주세요**.

3 미국에 간**다면** 영어를 공부**하세요**.
(영어를 공부한다 → 미국에 간다)
미국에 가**면** 영어를 공부하세요.
(미국에 간다 → 영어를 공부한다)

4 교토에 간**다면** 가을이 **좋아요**.
음료를 사러 간다**면** 오렌지 주스가 **좋다**.

PART 8

1 01 당장이라도 비가 내릴 **것 같은** 날씨로군요.
선반 위의 물건이 떨어질 **것 같다**.
이 케이크는 맛있**어 보이네요**.
그녀는 언제나 즐거운 **듯이** 일하고 있다.
간단**해 보이는** 문제부터 시작합시다.
이 의자는 매우 튼튼한 **것 같군요**.

02 일기 예보에 의하면 내일은 비가 내린다**고 합니다**.
친구의 이야기에 의하면 그 영화는 매우 재미있다**고 한다**.
편지에 따르면, 그는 건강하다**고 한다**.
야스코 씨의 아버지는 대학의 선생님이**라고 한다**.

03 열도 있고 기침도 난다. 아무래도 감기에 걸린 **것 같다**.
오늘은 어제보다 따뜻한 **것 같다**.
그는 최근 한가한 **것 같다**.
저기에 서 있는 것은 오오키 씨인 **것 같습니다**.

04 1 이 경치는 아름다워서 마치 그림 **같다**.
아직 봄인데도 오늘은 여름**같이** 덥습니다.
이 과자는 작은 새와 **같은** 모양을 하고 있습니다.

2 커피 **같은** 뜨거운 것을 마시고 싶습니다.
도쿄 **같은** 대도시는 생활비가 비싸다.
초콜릿 **같은** 단것은 많이 먹지 않는 편이 좋아요.

05 1 문에서 소리가 난다. 누군가 온 **것 같다**.
이 가게는 맛있는 **것 같다**. 손님이 많이 들어차 있다.

2 기무라 씨는 어제 미국에 갔다는 **것 같**습니다.
A : 하야시 씨는 기운이 없는 것 같은데.
B : 시험 결과가 나빠서 또 선생님에게 주의를 받았다는 **것 같아**.

06 남자**답다**　아이**답다**　젊은이**답다**　학생**답다**
봄**답다**　여름**답다**　가을**답다**

그는 정말 남자**다운** 사람이라고 생각합니다.
오늘은 여름**다운** 더운 하루였다.

07 이 약을 먹으면 곧 나을 **것이다**.
아마 내일도 추울 **것이다**.
이 일을 하루에 하는 것은 무리**겠지요**.

08 이것으로 문제 없을 **것이라고 생각합니다**.
이번 시험은 쉬울 **것이라고 생각합니다**.

09 내일은 비가 내릴**지도 모릅니다**.
그는 이 의견에 반대할**지도 모른다**.
그녀는 이 일을 모를**지도 모른다**.

10 1 그녀는 2년이나 요리를 배우고 있기 때문에 요리를 꽤 잘할 **것이다**.
야마다 씨는 오늘 외출한다고 했으니까 집에 없을 **것입니다**.

2 상냥한 기무라 씨가 이런 심한 짓을 할 **리가 없다**.
그는 어제 미국에 갔기 때문에 여기에 올 **리가 없다**.

11 조금 과식한 **것 같다**.
다나카 군은 오늘 기운이 없는 **것 같네**.
요즘의 대학생은 초등학생 **같아**.

PART 9

2 01 다나카 씨가 나카노 씨를 불렀다.
→ 나카노 씨는 다나카 씨에게 **호출되었다**.
선생님이 하야시 씨를 칭찬했다.
→ 하야시 씨는 선생님에게 **칭찬받았다**.

02 도둑은 나의 지갑을 훔쳤다.
→ 나는 도둑에게 지갑을 **도둑맞았다.**
개가 다나카 씨의 손을 물었다.
→ 다나카 씨는 개에게 손을 **물렸다.**

03 내일 오후 3시에 회의를 실시합니다.
→ 내일 오후 3시에 회의가 **실시됩니다(열립니다).**
이 술은 쌀로 만들었습니다.
→ 이 술은 쌀로 **만들어졌습니다.**

3 아이가 울어서 나는 잠을 잘 수 없었다.
→ 아이가 **울어서** 나는 잠을 잘 수 없었다.
[해석은 '보통문장'과 똑같이 하는 것이 자연스러움]
집으로 돌아가는 도중 비가 내렸다. 나는 난처했다.
→ 집으로 돌아가는 도중 나는 비를 **맞았다.**
어젯밤은 친구가 와서 시험 공부를 할 수 없었다.
→ 어젯밤은 친구가 **와서** 시험 공부를 할 수 없었다.

4 싸움을 해서 남동생을 **울려** 버렸습니다.
선생님은 학생들에게 책을 **읽게 했다.**
어머니는 아이를 공원에서 **놀게 했다.**
어머니는 아이에게 채소를 **먹였습니다.**
부장님은 다나카 씨에게 복사를 **시켰다.**

5 **03** 어젯밤 나는 친구를 1시간(이나) **기다렸다.**
어릴 적 어머니가 싫어하는 채소를 **억지로 먹게 했다.**
나는(어머니가 시켜서) 방 청소를 **했습니다.**

6 내일은 아르바이트를 쉬**게 해 주세요.**
이 컴퓨터를 사용하**게 해 주세요.**
몸 상태가 좋지 않으니, 조금 일찍 돌아가**게 해 주세요.**
그 일은 저에게 **시켜 주세요.**

PART 10

1 **01** 선생님은 바로 **돌아오십니까?**
자, **쓰세요.**

02 여기서 **기다리겠습니다.**
내일 또 **오겠습니다.**

03 **1** 접시 편지 도시락 술 차
책 안내 설명

2 내일은 휴일**입니다.**
오늘은 따뜻합**니다.**

3 매일 아침 7시에 일어납**니다.**
책을 읽고 있**습니다.**

4 이쪽에 **있습니다.**
분실물은 **없습니까?**

2 **01** 오늘 신문을 **읽으셨습니까?** (읽다 → 읽으시다)
손님은 이미 **돌아가셨습니다.** (돌아가다 → 돌아가시다)
선생님은 내일 회의에 **출석하십니까?**
(출석하다 → 출석하시다)
부장님이 계획의 문제점을 **지적하셨습니다.**
(지적하다 → 지적하시다)

02 선생님은 다음 주에 미국에 **가십니다.** (가다 → 가시다)
아버님은 언제 **돌아오십니까?** (돌아오다 → 돌아오시다)
이것에 대해 어떻게 **생각하십니까?** (생각하다 → 생각하시다)
선생님은 매일 산책을 **하십니다.** (하다 → 하시다)

03 그쪽에서 잠시 **기다려 주세요.**
자, 이쪽으로 **앉으세요.**
차에 관한 것이라면 뭐든지 **상담해 주십시오.**
카드에 기입할 때는 볼펜을 **사용해 주십시오.**

3 **01** 잘 **부탁합니다.**
선생님께 **여쭙고 싶은** 것이 있습니다.
입학 시험에 대해 **설명하겠습니다.**
서비스의 이용 방법을 **안내하겠습니다.**

02 이 짐은 제가 **들어 드리겠습니다.**
이 책은 금요일까지 **돌려 드리겠습니다.**
여러분들께 스즈키 이치로 선생님을 **소개해 드리겠습니다.**
식사는 저희 쪽에서 **준비하겠습니다.**

03 먼저 돌아가겠**습니다.**
그럼, 한 곡 부르겠**습니다.**
언제든 돕겠**습니다.**
도서관 이용 방법에 대해 설명**하겠습니다.**

4 **01** 내일 오후에는 회사에 **계십니까?** (있다 → 계시다)
다음 주에 회의가 있다는 것을 **알고 계십니까?**
(알고 있다 → 알고 계시다)
내일 파티에 야마모토 씨도 **가십니까?** (가다 → 가시다)
선생님께서는 뭐라고 **말씀하셨습니까?**
(말하다 → 말씀하시다)
이 잡지는 벌써 **보셨습니까?** (보다, 읽다 → 보시다, 읽으시다)
선생님께서는 무엇을 **드시겠습니까?** (먹다 → 드시다)

02 내일 다시 **오겠습니다.** (오다 → 오다)
당신의 대답을 기다리고 **있겠습니다.** (있다 → 있다)
선생님, 좀 **여쭙고 싶은** 것이 있습니다만. (묻다 → 여쭙다)
나는 다나카라고 **합니다.** (말하다 → 말하다)
이 사진, 좀 **봐도** 괜찮겠습니까? (읽다, 보다 → 읽다, 보다)
파티에서 사장님의 사모님을 **뵈었습니다.** (만나다 → 뵙다)

PART 11

01 사장님을 **대신하여** 다나카 부장이 인사를 했다.
편지를 **대신하여** 메일이 자주 사용되게 되었다(메일이 많이 사용된다).

02 작년**에 비해** 올 겨울은 꽤 추웠다.
시골은 도시**에 비해** 공기가 깨끗하다.

03 전철 요금**에 더하여** 버스 요금도 올라 버렸다.
비가 오는 **데다가** 바람도 강해졌다.

04 **1** 야마다 선생님은 질문**에 대해서** 꼼꼼하게 설명해 준다.
이 박물관에서는 외국인 여행자**에게** 할인서비스를 하고 있다.

2 히라가나는 소리만을 나타내는 것**에 비해** 한자는 의미도 나타내고 있습니다.
나무로 지은 집은 지진에 강한 것**에 비해** 화재에는 약하다.

05 이 문제**에 대하여** 잘 생각해 두세요.
그는 차를 좋아해서 차**에 대해서** 잘 알고 있다.

06 발표 내용**에 관해서** 무엇인가 질문은 없습니까?
요리**에 관한** 잡지가 매달 새롭게 나오고 있다.

07 나**에게 있어서** 가장 중요한 것은 가족입니다.
일본인**에게 있어서** 불꽃놀이가 없는 여름은 생각할 수 없다.

08 태풍**에 의해** 전철이 멈췄다.
문제를 대화**에 의해** 해결한다.
사람**에 따라** 생각이 다르다.

09 일기 예보**에 따르면** 큰 비가 내린다고 합니다.
야마다 씨의 이야기**에 의하면** 나카무라 씨는 내일 미국에 간다고 한다.

10 이 근처는 봄**부터** 여름**에 걸쳐** 꽃이 많이 핀다.
남부지방**에서** 중부지방**에 걸쳐** 강한 비가 내리고 있다.

11 5회**에 걸쳐** 교섭을 실시했다.
일주일**에 걸쳐서** 시험이 실시되었다.

12 불이 꺼져 있으니 이미 자고 있음**에 틀림없다.**
10개 국어를 말하다니, 다카하시 씨는 천재임**에 틀림없다.**

13 사람은 나이를 먹음**에 따라** 체력이 점점 약해진다.
공업화**에 따라,** 자연환경의 파괴가 확산되었다.

14 애정**을 담아** 케이크를 만들었다.
마음**을 담아** 선물을 골랐다.

15 독서**를 통해서** 지식을 얻는다.
비서**를 통해** 사장님에게 면담을 신청했다.

16 규칙 개정**을 둘러싸고** 다양한 의견이 나오고 있다.
부모의 유산**을 둘러싸고** 형제가 다투고 있다.

PART 12

01 비행기를 탄 **적이 있습니**까?
이런 훌륭한 경치는 지금까지 본 **적이 없습니다.**

02 가끔 일본 노래를 부르는 **경우가 있습니다.**
날씨가 좋은 날은 여기에서 후지산이 보이는 **경우가 있습니다.**

03 새 차를 사**기로 했다.**
건강을 위해 술을 끊**기로 했습니다.**

04 갑자기 해외출장을 가**게 되었다.**
다음 주에 파티를 하**게 되었습니다.**

05 나는 6시에 일어나**기로 하고 있다.**
매일 아침 달리**기로 하고 있다.**

06 친구와 7시에 만나**기로 되어 있다.**
일본에서는 방에 들어갈 때 신발을 벗**게 되어 있다.**

07 다음 달부터 전철 요금이 오른다**고 한다.**
뉴스에 의하면 올 겨울은 매우 춥다**고 한다.**

08 지금부터 식사를 하**려는 참입니다.**
지금부터 집에 돌아가**려는 참입니다.**

09 지금 외출할 준비를 하**고 있는 중입니다.**
지금 리포트를 쓰**고 있는 중입니다.**

10 지금 회의가 **막** 끝난 **참입니다.**
지금 **막** 학교에서 돌아온 **참입니다.**

11 공부도 하지 않고 시험에 붙을 **리가 없다.**
일반적인 카메라의 가격이 이렇게 비쌀 **리가 없다.**

12 내일 시험이 있어서 놀 **수는 없다.**
차를 운전하기 때문에 술을 마실 **수는 없다.**

13 1 약속은 지키는 **법이다.**
나이를 먹으면 체력이 떨어지는 **법이다.**

2 어렸을 적 자주 공원에서 놀**곤 했다.**
고등학교 때는 매일 자전거로 학교에 다녔**었지.**

PART 13

01 기무라 씨가 여행하고 있는 **동안,** 나는 일을 하고 있었다.
기무라 씨가 여행하고 있는 **동안에,** 나는 회사를 그만두었다.
여름 방학 **동안,** 시골에서 지냈다.
여름 방학 **동안에** 홋카이도에 다녀왔다.

02 1 무리를 했기 **때문에** 병이 났다.
이곳은 교통이 편리하기 **때문에** 집세가 비싸다.

2 건강을 **위해서** 매일 운동을 한다.
합격하기 **위해서** 열심히 공부한다.

03 편지를 보내는 **대신에** 전화를 했다.
사장님 **대신에** 부장이 인사를 했다.

04 내가 말하는 **대로** 하면 괜찮아.
약속**대로** 우리는 5시에 역에서 만났다.

05 **한창** 목욕을 하고 있는 **중에** 손님이 왔다.
식사가 **한창일 때** 전화가 걸려왔다.

06 이 사진을 볼 **때마다** 어린 시절이 생각난다.
어머니는 쇼핑하러 갈 **때마다** 과자를 사 온다.

07 당신 **덕분에** 성공했습니다.
집 근처에 강이 있는 **덕분에** 여름은 시원하다.

08 술을 과음한 **탓**인지 머리가 아프다.
실패를 남의 **탓**으로 돌려서는 안 됩니다.

09 학생**인데도** 전혀 공부하지 않는다.
저 아이는 자기가 잘못한 **주제에** 언제나 남의 탓으로 돌린다.

10 쇼핑하는 **김에** 서점에 들러 보았다.
마을을 구경하러 나간 **김에** 가까운 공원을 산책하고 왔다.

11 그는 머리가 좋은 **데다가** 운동도 잘한다.
비가 내리고 있는 **데다가** 바람도 불고 있다.

12 오늘은 폭설이 내릴 **우려가 있습니다.**
빨리 수술하지 않으면 병이 악화될 **우려가 있다.**

PART 14

01 **1** TV를 보고 있는 **사이에** 졸음이 왔다.
꽃이 예쁠 **때에** 꽃놀이를 가고 싶다.

2 비가 내리**기 전에** 돌아갑시다.
잊**기 전에** 써 두자.

02 그의 병환은 나빠지**기만 한다.**
물가는 오르**기만 한다.**

03 최근 버스가 **자주** 늦어져서 곤란하다.
건강한 형과는 대조적으로 남동생은 **자주** 아프다.

04 스토브가 켜져 있지 않아서 모두 추**워하고 있다.**
아이는 언제나 밖에서 놀고 싶**어한다.**

05 매달 요금을 지불한다.
한 문제 틀릴 **때마다** 1점씩 감점된다.

06 이 집의 **넓이**는 어느 정도입니까?
사람에게는 **성실함**이 필요하다고 생각하고 있다.

07 이 나라는 일 년 **내내** 덥다.
나는 **전** 세계의 우표를 수집하고 있습니다.

08 이 작문은 오류**투성이**다.
넘어져 버려서 손과 다리가 상처**투성이**다.

09 다나카 씨**라는** 사람에게서 전화가 왔었습니다.
'소라'**라는** 가게를 알고 있습니까?

10 일식**이라고 하면** 역시 초밥이지요.
A : 카레 먹으러 가지 않을래요?
B : 그래. 카레**라고 하면** 역 앞에 있는 가게가 맛있어.

11 이번에 이사한**다면** 역 근처가 좋다.
만약 그 소문이 사실이**라고 한다면** 큰일이다(큰일이 난다).

12 톰 씨는 유학생**으로서** 일본에 왔다.
다나카 선수는 일본 대표**로서** 올림픽에 출전하게 되었다.

13 오늘**에 한해** 20% 할인합니다.
50분**에 한해** 멋진 상품을 선물합니다.

14 나는 홍차**로 하겠습니다**(홍차를 선택하겠습니다).
어머니의 생신 선물을 무엇**으로 할**지 망설이고 있다.

15 야구**는 물론** 축구도 인기 스포츠이다.
복습**은 물론** 예습도 해야 한다.

16 우리가 집을 나오**자마자** 비가 내리기 시작했다.
그 소식을 듣**자마자** 그녀는 울기 시작했다.

17 **1** 저녁놀이 아름답기 때문에 내일은 비가 오**지 않을 것이다.**
이런 어려운 문제는 아이는 풀 수 **없을 것이다.**

2 저런 맛없는 레스토랑에는 두 번 다시 가**지 않겠다.**
이제부터 절대로 술을 마시**지 않겠다**고 결심했다.

PART 15

01 아이가 정원**에서** 놀고 있다.
시합은 비**로**(비 때문에) 중지되었다.
이름은 검은 볼펜**으로** 써 주세요.
이 셔츠는 2장**에** 3000엔입니다.
시험은 내일**로** 끝납니다.
나무**로** 의자를 만듭니다.

02 우리 회사는 도쿄**에** 있습니다.
오늘은 아침 5시**에** 일어났습니다.
여동생**에게** 손수건을 사 주었다.
1주일**에** 두 번 시험이 있습니다.
내일 공원**에** 갑니다.
백화점에 쇼핑**하러** 갔습니다.

03 회의는 3시**부터** 시작된다.
미국**에서** 돌아오다.
이 아파트는 학교에서 가깝기 **때문에** 편리하다.
쌀**로** 술을 만든다.

04 그는 공부도 잘하**고**, 운동도 잘한다.
어두워졌**으니** 슬슬 돌아갈까.

05 이것으로 좋을**지 어떨지** 잘 모르겠습니다.
이 케이크, 맛있는**지 어떤지** 먹어 보세요.

06 날씨가 나빴기 **때문에** 외출하지 않았다.
열이 있**어서** 학교를 쉬었다.

07 약을 먹었는**데도** 감기가 낫지 않는다.
열이 있는**데도** 외출했다.

08 **1** 차**라도** 마십시다.
이 문제는 초등학생**이라도** 할 수 있다.

2 당신을 만날 수 있다면 나는 언제**라도** 좋아요.

09 차로 집에서 회사**까지** 30분 걸립니다.
회의는 3시부터 5시**까지**입니다.

10 9시**까지** 집에 돌아갑니다.
다음 주**까지** 리포트를 쓸 생각이다.

11 **1** 어제는 6시간 **정도** 잤습니다.
교실에 학생이 30명 **정도** 있습니다.

2 술 **정도는** 마셔도 괜찮아.
그 상냥한 사람이 큰 소리를 낼 **정도**니까, 몹시 화가 난 거겠지.

12 **1** A : 백화점에서 무엇인가 샀습니까?
B : 예, 코트**라든가** 넥타이**라든가** 이것저것 샀습니다.

2 야마다 씨는 감기에 걸렸다**고 해서** 학교를 쉬었다고 한다.
나카무라 씨는 내일부터 출장**이라느니** 말했다.

13 저**야말로** 잘 부탁 드립니다.
올해**야말로** 합격하고 싶다.

14 조금**씩** 먹는다.
모두에게 3개**씩** 나눠준다.
이 약은 아침저녁으로 두 개**씩** 드세요.

15 좀더 공부하**라고** 말을 들었다.
가와무라**라는** 소설가 알아?
뉴스에서는 비는 안 온**대**.

PART 16

01 1 앞으로 1시간 **정도** 안에 돌아갑니다.
3만엔 **정도** 있으면 갖고 싶은 카메라를 살 수 있지만.

2 해야 할 일이 산더미**만큼** 있어서 큰일이다.
몹시 피곤해서 식사도 할 수 없을 **정도**다.

02 오늘은 어제**만큼** 춥지 **않**습니다.
올해 시험은 작년**만큼** 어렵지 **않았다**.

03 이 책은 읽으**면** 읽을**수록** 재미있어진다.
편지의 답장을 보내는 것은 빠르**면** 빠를**수록** 좋다.

04 1 둘이서**만** 이야기하고 싶은 것이 있습니다.
나머지는 이것**뿐**입니다.

2 이 **정도** 있으면 충분하다.
원하는 **만큼** 가져 가세요.

05 그는 피아노**뿐만 아니라** 기타도 칠 수 있다.
마리코 씨는 영어**뿐만 아니라** 프랑스어도 말합니다.

06 한다면 지금**밖에** 없다.
시험까지 앞으로 일주일**밖에** 없다.
돈이 조금**밖에** 없습니다.

07 도쿄에는 큰 빌딩이나 호텔, 자동차 **등**이 많이 있습니다.
휴일에는 책을 읽는 **등**의 일을 하며 보냅니다.

08 매일 비**만** 내리고 있습니다.
이 책에는 모르는 것**만** 적혀 있다.

09 지금 밥을 **막** 한 **참입니다**.
일본에 **막** 왔**을** 때는 너무 외로웠다.

10 그 사람은 언제나 화를 내**고만**(화만 내고) 있다.
TV를 **보고만** 있으면(TV**만** 보고 있으면) 눈이 나빠져요.

11 그 레스토랑은 비쌀 **뿐만 아니라** 맛도 좋지 않다.
비**뿐만 아니라** 바람까지 불기 시작했다.

12 일이 바빠서 식사를 할 시간**조차** 없다.
지쳐서 서 있는 것**조차** 할 수 없었다

13 날씨**만** 좋다**면** 즐거운 하이킹이 될 것이다.
열**만** 내리**면** 이제 괜찮습니다.

14 1 즐겁게 이야기하**면서** 길을 걷는다.
음악을 들으**면서** 커피를 마신다.

2 학생**이면서** 독서도 하지 않는다.
가난하**지만** 가족 모두 행복하게 살고 있다.

PART 17

2 **01** **만약** 비가 내리면 가지 않겠습니다.
만약 내가 당신이라면 그런 일은 하지 않을 것이다.

02 **아무리** 연습해도 테니스가 능숙해지지 않습니다.
그녀는 **아무리** 바빠도 매일 일기를 쓴다.

03 **아무리** 많이 먹어도 그녀는 체중이 늘지 않는다.
귀가는 **아무리** 빨라도 7시가 된다.

04 **비록** 비가 내릴지라도 가지 않으면 안 된다.
가령 부모님이 반대해도 나는 유학가고 싶다.

3 **01** **금세라도** 비가 내릴 것 같은 날씨다.
그녀는 피곤해서 **당장이라도** 쓰러질 것 같았다.

02 **아마** 그는 오지 않을 것이다.
그가 말한 것은 **아마** 사실일 것이다.

03 그는 **마치** 부자처럼 살고 있다.
그녀는 **마치** 어린아이처럼 울었다.

04 **어쩌면** 그는 중국어를 할 수 있을지도 모른다.
어쩌면 그는 오지 않을지도 모른다.

05 그녀는 **반드시** 시험에 합격한다.
내일은 **틀림없이** 큰 비가 내릴 것이다.

06 **꼭** 또 놀러 오세요.
이번 시험에는 **꼭** 합격하고 싶다.

4 **01** 1 **너무** 과로하면 병이 나요.

2 그는 **별로** 책을 읽지 않는다.
남동생은 요즘 TV만 보고 **별로** 공부하지 않습니다.

02 1 당신은 **전적으로** 옳다.

2 나는 **전혀** 수영을 못 합니다.
그는 그 소식을 **전혀** 몰랐다.

03 1 감기는 **거의** 나았다.
빌딩은 **거의** 완성되었다.

2 그는 친구가 **거의** 없다.
나는 이제 **거의** 걸을 수 없다.

04 1 **꽤** 재미있는 영화로군요.
이 문제는 **꽤** 어렵다.

2 감기가 **좀처럼** 낫지 않는다.
담배는 **좀처럼** 끊을 수 없다.

05 친절은 **결코** 잊지 않겠습니다.
결코 지지 마라.

06 그는 **좀처럼** 감기에 걸리지 않습니다.
야마모토 선생님은 **거의** 웃지 않는다.

07 비싼 시계가 **반드시** 좋은 시계라고는 할 수 없다.
너는 **꼭** 틀린 것은 아니다.

PART 18

2 **01** 이제 곧 시험입니다. **그러니까** 좀 더 공부하세요.
오늘은 하루 종일 바빴다. **그래서** 매우 피곤하다.

02 대도시는 차가 많다. **따라서** 사고도 많다.
비가 거세졌다. **따라서** 시합은 중지되었다.

03 어젯밤 늦게까지 깨어 있었다. **그래서** 오늘은 매우 졸립다.
고향에서 부모님이 왔다. **그래서** 역으로 마중하러 갔다.

04 1 문을 열었다. **그러자** 시원한 바람이 들어 왔다.

2 A : 도서관은 매주 화요일이 쉬는날이에요.
B : 오늘은 화요일이네요. **그러면** 도서관은 쉬는 날이네요.

3 01 별로 가고 싶지 않다. **그러나** 가지 않으면 안 된다.
급여가 올랐다. **그러나** 생활은 조금도 나아지지 않는다.

02 도무지 모르겠다. **그렇지만** 해 보고 싶다.
서둘러 역까지 뛰었다. **그렇지만** 전철은 떠난 뒤였다.

03 여행을 가고 싶다. **하지만** 지금은 시간이 없다.
그녀는 남성에게 친절하다. **하지만** 여성에게는 차갑다.

04 부장님에게 전화했다. **그렇지만** 회의 중이라서 이야기할 수 가 없었다.
친구가 나와 같은 카메라를 샀다. **그런데** 친구의 카메라는 내 것보다 쌌다.

05 그에게 몇 번이나 편지를 썼다. **그런데도** 한 번도 답장을 주지 않는다.
그것에 대하여 몇 번이나 설명을 했다. **그런데도** 그는 이해하지 못하는 것 같다.

06 모두가 두 사람의 결혼을 반대했다. **그래도** 두 사람은 결혼했다.
바람은 그쳤다. **그래도** 밖은 아직 춥다.

4 01 이 가게는 싸다. **게다가** 맛이 좋다.
플라스틱은 튼튼하고 **게다가** 가볍다.

02 그녀는 귀엽고 **게다가** 매우 친절하다.
오늘은 매우 추웠다. **게다가** 바람이 불고 있었다.

5 01 나는 산에 오른다. **왜냐하면** 그것이 거기에 있기 때문이다.
나는 영어를 공부하고 있다. **왜냐하면** 미국에 유학가고 싶기 때문이다.

6 01 여러분, 안녕하세요. **그런데** 오늘이 무슨 날인지 알고 있습니까?
이제 곧 여름 방학이네. **그런데** 여름 방학에 시골로 돌아갈 거야?

02 **그럼**, 내일 날씨를 전해 드리겠습니다.
여러분, 됐습니까? **그럼** 다음 문제로 넘어갑시다.

7 01 검정 **또는** 파란 볼펜으로 써 주세요.
결과는 전화로 알리거나 **또는** 메일을 보내 주세요.

02 걸어서 갈까요? **그렇지 않으면** 차로 갈까요?
커피로 하겠습니까? **아니면** 홍차로 하겠습니까?

해답

PART 1 ● 연습문제

1	01.④	02.④	03.③	04.①	05.②	06.③	07.②	08.①	09.②	10.④	p.18
2	01.③	02.②	03.③	04.①	05.②	06.①	07.②	08.①	09.③	10.③	p.19
3	01.③ (4132)		02.② (1324)		03.④ (3241)		04.② (3124)		05.④ (3241)		p.20
	06.① (3412)		07.② (4123)		08.① (3412)		09.② (3124)		10.③ (4231)		

PART 2 ● 연습문제

4	01.③	02.①	03.④	04.②	05.②	06.④	07.①	08.②	09.③	10.①	p.28
5	01.③	02.①	03.②	04.③	05.②	06.④	07.①	08.②	09.③	10.④	p.29
6	01.① (3214)		02.② (4123)		03.② (1324)		04.④ (1342)		05.① (4213)		p.30
	06.② (4123)		07.② (1324)		08.② (1324)		09.③ (4132)		10.④ (2143)		

PART 3 ● 연습문제

7	01.②	02.④	03.③	04.③	05.②	06.①	07.①	08.①	09.②	10.②	p.37
8	01.③	02.①	03.③	04.④	05.④	06.①	07.②	08.③	09.④	10.②	p.38
9	01.④ (1342)		02.③ (2143)		03.④ (1243)		04.③ (1432)		05.① (2314)		p.39
	06.② (1423)		07.① (2314)		08.③ (4231)		09.③ (4231)		10.③ (1432)		

PART 4 ● 연습문제

10	01.④	02.④	03.②	04.③	05.①	06.②	07.①	08.②	09.③	10.④	p.48
11	01.③	02.②	03.①	04.④	05.②	06.①	07.②	08.①	09.①	10.③	p.49
12	01.① (3412)		02.② (1324)		03.③ (4231)		04.④ (2143)		05.① (2314)		p.50
	06.② (1324)		07.② (1423)		08.① (2431)		09.① (4312)		10.③ (2431)		

PART 5 ● 연습문제

13	01.③	02.②	03.②	04.③	05.②	06.③	07.①	08.③	09.③	10.③	p.56
14	01.③	02.①	03.③	04.②	05.③	06.②	07.③	08.③	09.④	10.③	p.57
15	01.① (2413)		02.② (3124)		03.③ (2134)		04.④ (1342)		05.④ (3241)		p.58
	06.② (1423)		07.③ (4231)		08.① (2413)		09.③ (4132)		10.③ (2431)		

PART 6 ● 연습문제

16	01.④	02.③	03.①	04.②	05.③	06.③	07.①	08.①	09.④	10.②	p.64
17	01.①	02.②	03.①	04.①	05.③	06.②	07.③	08.②	09.①	10.①	p.65
18	01.① (3412)		02.④ (2341)		03.② (1423)		04.② (1423)		05.① (3412)		p.66
	06.② (1423)		07.③ (2431)		08.② (1423)		09.③ (4132)		10.② (1324)		

PART 1~6 ● 총정리문제 1

問題1	01.②	02.③	03.②	04.②	05.①	06.②	07.①	08.①	09.④	10.①	p.67
	11.④	12.②	13.③								
問題2	14.② (3421)		15.① (3412)		16.④ (1342)		17.③ (1432)		18.① (4213)		p.68
問題3	19.③	20.②	21.①	22.③	23.②						p.69

PART 7 ● 연습문제

19	01.④	02.①	03.①	04.④	05.①	06.③	07.④	08.④	09.②	10.④	p.78
20	01.④	02.③	03.④	04.③	05.②	06.③	07.①	08.②	09.②	10.④	p.79
21	01.④ (3241)		02.③ (2431)		03.③ (1432)		04.② (1324)		05.① (2314)		p.80
	06.② (1324)		07.① (2314)		08.② (1423)		09.② (1324)		10.③ (4231)		

PART 8 ● 연습문제

22	01.②	02.④	03.①	04.②	05.③	06.①	07.①	08.③	09.③	10.③	p.89
23	01.②	02.④	03.③	04.③	05.①	06.②	07.②	08.①	09.③	10.②	p.90
24	01.② (3124)		02.① (3412)		03.③ (2431)		04.① (2314)		05.① (2413)		p.91
	06.② (3421)		07.③ (1432)		08.① (4213)		09.② (3421)		10.③ (1432)		

PART 9 ● 연습문제

25	01.④	02.③	03.②	04.①	05.①	06.③	07.④	08.①	09.②	10.③	p.100
26	01.①	02.③	03.①	04.④	05.④	06.③	07.④	08.④	09.③	10.②	p.101
27	01.③ (1432)		02.① (3412)		03.③ (1432)		04.② (1423)		05.③ (1432)		p.102
	06.④ (3142)		07.④ (2143)		08.② (4321)		09.① (2413)		10.① (4312)		

PART 10 ● 연습문제

28	01.③	02.①	03.③	04.④	05.①	06.②	07.③	08.③	09.①	10.②	p.111
29	01.③	02.①	03.②	04.④	05.②	06.②	07.②	08.③	09.③	10.④	p.112
30	01.③ (1234)		02.② (4321)		03.② (4123)		04.① (2413)		05.③ (2134)		p.113
	06.④ (3142)		07.③ (4132)		08.① (4312)		09.① (4312)		10.② (1324)		

PART 11 ● 연습문제

31	01.③	02.②	03.②	04.③	05.①	06.④	07.②	08.④	09.③	10.①	p.121
32	01.④	02.③	03.①	04.②	05.④	06.②	07.③	08.②	09.②	10.①	p.122
33	01.③ (4231)		02.① (4213)		03.③ (1432)		04.② (3421)		05.④ (1342)		p.123
	06.① (4312)		07.③ (4132)		08.③ (4231)		09.③ (2431)		10.① (3214)		

PART 12 ● 연습문제

34	01.③	02.①	03.④	04.④	05.②	06.③	07.④	08.①	09.①	10.②	p.130
35	01.④	02.①	03.④	04.②	05.①	06.②	07.③	08.①	09.②	10.③	p.131
36	01.② (3124)		02.③ (1432)		03.③ (2134)		04.① (3214)		05.② (1423)		p.132
	06.③ (2134)		07.④ (1342)		08.③ (1432)		09.③ (1432)		10.④ (3241)		

PART 7~12 ● 총정리문제 2

問題1	01.①	02.④	03.②	04.②	05.②	06.①	07.④	08.④	09.④	10.①	p.133
	11.③	12.②	10.④								
問題2	14.④ (1342)		15.① (2314)		16.② (1423)		17.② (1324)		18.② (3421)		p.134
問題3	19.①	20.②	21.④	22.④	23.②						p.135

PART 13 ● 연습문제

37	01.②	02.②	03.②	04.④	05.③	06.③	07.③	08.④	09.①	10.③	p.142
38	01.①	02.②	03.③	04.③	05.②	06.④	07.①	08.②	09.②	10.①	p.143
39	01.② (3421)		02.① (3412)		03.① (3214)		04.③ (4231)		05.① (3412)		p.144
	06.② (1423)		07.③ (4231)		08.① (2413)		09.④ (2341)		10.③ (1432)		

PART 14 ● 연습문제

40	01.②	02.①	03.①	04.③	05.①	06.②	07.④	08.①	09.③	10.①	p.152
41	01.②	02.②	03.④	04.③	05.④	06.①	07.②	08.④	09.③	10.③	p.153
42	01.② (3421)		02.① (3412)		03.④ (2341)		04.② (3421)		05.③ (2431)		p.154
	06.④ (3142)		07.③ (1432)		08.① (3412)		09.③ (2431)		10.② (3421)		

PART 15 ● 연습문제

43	01.②	02.②	03.③	04.③	05.②	06.④	07.②	08.④	09.①	10.①	p.162
44	01.④	02.①	03.④	04.③	05.②	06.③	07.④	08.②	09.①	10.③	p.163
45	01.④ (3241)		02.① (2314)		03.④ (1342)		04.② (3421)		05.③ (2431)		p.164
	06.③ (1234)		07.① (4312)		08.② (1324)		09.③ (4231)		10.② (1324)		

PART 16 ● 연습문제

46	01.③	02.②	03.②	04.③	05.③	06.②	07.②	08.①	09.①	10.②	p.171
47	01.③	02.①	03.②	04.①	05.③	06.②	07.④	08.①	09.①	10.④	p.172
48	01.② (1423)		02.① (2314)		03.④ (3241)		04.② (1423)		05.① (2314)		p.173
	06.③ (4132)		07.④ (1342)		08.③ (2431)		09.② (3124)		10.② (4321)		

PART 17 ● 연습문제

49	01.②	02.④	03.②	04.④	05.③	06.①	07.④	08.③	09.①	10.④	p.182
50	01.④	02.③	03.④	04.①	05.③	06.①	07.①	08.②	09.①	10.②	p.183
51	01.② (1324)		02.③ (2134)		03.② (1324)		04.④ (1342)		05.③ (4231)		p.184
	06.② (1423)		07.② (1423)		08.④ (1342)		09.④ (1342)		10.③ (4132)		

PART 18 ● 연습문제

52	01.②	02.③	03.②	04.②	05.④	06.③	07.②	08.①	09.①	10.①	p.193
53	01.④	02.③	03.③	04.②	05.①	06.③	07.①	08.④	09.②	10.③	p.194
54	01.④ (2341)		02.③ (2134)		03.① (3214)		04.② (1423)		05.② (1423)		p.195
	06.④ (3241)		07.③ (1432)		08.① (2413)		09.① (3412)		10.② (1423)		

PART 13~18 ● 총정리문제 3

問題1	01.②	02.①	03.④	04.③	05.①	06.③	07.②	08.①	09.④	10.④	p.196
	11.①	12.②	13.④								
問題2	14.④ (1342)		15.② (1324)		16.① (4312)		17.② (3124)		18.④ (1342)		p.197
問題3	19.②	20.①	21.④	22.②	23.③						p.198

부록 -N3 모의테스트

1회 P.202

問題1	01.③	02.④	03.①	04.②	05.③	06.④	07.④	08.③	09.②	10.④
	11.④	12.①	13.②							
問題2	14.④ (2143)		15.① (4312)		16.④ (3421)		17.④ (1342)		18.④ (3142)	
問題3	19.②	20.①	21.③	22.④	23.②					

2회 P.207

問題1	01.④	02.②	03.③	04.②	05.①	06.①	07.③	08.③	09.②	10.①
	11.①	12.④	13.②							
問題2	14.① (4312)		15.② (3421)		16.① (3412)		17.④ (3241)		18.④ (3241)	
問題3	19.③	20.①	21.②	22.④	23.③					

JLPT
급소공략 N3 문법 <2nd EDITION>

지은이 김성곤
펴낸이 정규도
펴낸곳 (주)다락원

초판 1쇄 발행 2011년 5월 9일
개정판 1쇄 발행 2018년 8월 29일
개정판 9쇄 발행 2024년 9월 24일

책임편집 김은경, 송화록
디자인 하태호, 정규옥

다락원 경기도 파주시 문발로 211
내용문의: (02)736-2031 내선 460~465
구입문의: (02)736-2031 내선 250~252
Fax: (02)732-2037
출판등록 1977년 9월 16일 제 406-2008-000007호

ISBN 978-89-277-1213-8 14730
978-89-277-1205-3(set)

http://www.darakwon.co.kr

- 다락원 홈페이지를 방문하시면 상세한 출판 정보와 함께 동영상강좌, MP3 자료 등 다양한 어학 정보를 얻으실 수 있습니다.
- **다락원 홈페이지** 또는 표지 날개 혹은 책 속의 **QR코드**를 찍으시면 **예문 해석 및 문제의 해답과 해석**을 확인하실 수 있습니다.

MEMO